미라보 카페의 단골이 되다

미라보 카페의 단골이 되다

ⓒ 심영희, 2025

초판 1쇄 인쇄 2025년 2월 14일
초판 1쇄 발행 2025년 2월 21일

지은이 심영희
발행인 한상진
디자인 책읽는소리
펴낸곳 중민출판사

출판등록 제2018-000058호
등록일자 2018년 10월 2일
주   소 서울시 관악구 관악로13길 25, 602호(봉천동, 세종오피스텔)
전   화 02.875.8474
E-mail jmpublisher@naver.com

ISBN 979-11-981590-9-0 03810
값 16,800원

이 책의 저작권은 저자에게 있습니다. 서면에 의한 저자의 허락 없이 글과 그림의 일부를 인용하거나 발췌하는 것을 금합니다.

마음속 고향, 남도와 프로방스 이야기

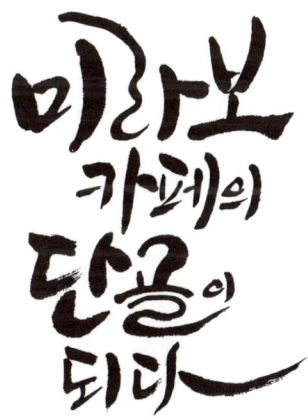
미라보 카페의 단골이 되다

심영희 지음

중민 출판사

프롤로그

남도와 엑상프로방스와의 인연

"드 카페 아메리칸, 더블 워터!"

엑상프로방스Aix-en-Provence(줄여서 '엑스')의 그리용 카페에서 나는 늘 이렇게 주문을 하고, 메뉴판을 들어올려 얼굴에 쏟아지는 햇볕을 가렸다. 서울에서는 커피 대신 차를 주로 마셨다. 커피를 마시면 신경이 예민해져서 밤에 잠을 설쳤기 때문이다. 그런데 엑스에서는 신기하게도 커피를 마셔도 잠을 잘 잤다. 엑스의 햇볕 때문이었을까? 그래서 날마다 커피를 마시러 나갔다. 그곳 사람들은 에스프레소를 즐겨 마시지만, 나는 묽은 커피를 마셨다. 추가로 물까지 시켰다.

어느 날은 웨이터가 와서 "드 카페 아메리칸, 더블 워터?" 하고 내가 할 주문을 먼저 말했다. 그러고는 메뉴판을 들어 내 이마에 대 주며 웃었다. '아니, 이 웨이터가 나를 기억하네. 카페에 단골로 드나드는 것을 안 건가?' 하며 나도 웃었다. 다들 얼굴을 드러내고 햇볕을 즐기는데 나만 메뉴판으로 얼굴을 가리고 있는 것이 특이했나 보다. 머나먼 남프랑스에 단골 카페가 생기다니.

"이것도 한번 잡솨 봐유."

해남 명유당 찻집의 주인장 김지우 씨는 처음 만난 날, 밥상을 앞에 두고 이렇게 말했다. 상에는 방풍나물, 머윗대, 연근, 산에서 나는 불미나리, 참나물, 세발나물, 쑥부쟁이 등 다양한 나물이 가득했다. 거기에 고추, 깻잎, 우엉, 열무김치, 물김치, 묵은지 삶은 찬과 된장찌개를 곁들였다. 그녀가 직접 키우고 채취한 귀한 봄나물 밥상이자 최고의 정성을 들인 음식이었다. 이 재료는 남도의 산과 들에서 나왔고, 밥상에 오르기까지 일일이 주인장의 손을 거쳤을 것이다. 어머니의 대지에서 주신 것으로, 어머니의 마음으로 차린 밥상이었다. 맛있게 버무려진 남도의 봄향기로 인해 코와 입이 다 황홀할 지경이었다.

한국의 남도와 프랑스의 엑상프로방스는 나에게 마음의 고향 같은 곳이다. 고향이란 뭘까? 왜 고향처럼 느껴질까?

보통 고향이라고 하면 태어나고 자란 곳을 가리킨다. 내 고향은 경상북도 안동이다. 어릴 때 살던 곳이고, 그곳에서 초등학교와 중학교를 다녔다. 그곳을 생각하면 기와지붕 올린 옛

집, 채송화, 과꽃, 분꽃, 파리 등 화단에 피었던 꽃들, 저녁 지으려고 쌀 씻으시던 어머니, 글씨를 가르쳐 주던 언니 오빠의 모습이 아련하게 떠오른다. 그곳에서 같이 놀던 친구, 학교 선생님들도 자연스레 기억난다. 따뜻한 기억, 정감이 묻어나는 가까운 사람들, 소박하고 평화로운 시골 풍경, 가난했지만 같이 나누고 도왔던 이웃들이 내게는 곧 고향이다.

그 지역의 고유한 음식 또한 고향의 정취를 불러일으킨다. 어머니가 자주 만들어 주시던 '안동국시'가 바로 그런 음식이다. 밀가루에 콩가루를 섞어 반죽한 후 채썰듯이 아주 가늘게 썰어 다시 콩가루를 묻히고 끓는 물에 삶아 만든다. 국물이 걸쭉하니 구수한 맛이 난다. 요즘도 이 맛을 못 잊어 친구들과 서울에 있는 안동국시집을 찾아 먹곤 한다.

고향을 생각할 때면 뭐니 뭐니 해도 어머니가 떠오른다. 어머니의 모습을 그려 보면 가슴이 애틋해진다. 불교를 깊이 믿은 어머니는 새벽에 일어나 불경을 외우셨다. 하루 이틀도 아니고 항상 새벽 3시에 일어나서 자식들 잘되라고 불경을 외우셨다. 그 덕분에 내가 반듯하고 성실하게 살려고 애쓰지 않았을까 싶다.

함께 뛰놀던 친구들도 생각난다. 〈내 고향 남쪽바다〉라는 노래는 어릴 적 친구들과 같이 뛰놀던 시절로 다시 돌아가고 싶은 마음을 고스란히 대변한다. 앞집 살던 또래들과는 평생 친구가 되었다. 1학년 때 둘만 앉는 자리에 셋이 앉아 짝꿍이 되었고 우리 세상인 양 즐겁게 지냈다. 어느 날 전학 온 남학생을 소개한 후 같이 앉을 사람 손들라고 하자 우리 셋이 손을 번쩍 들었다. 그 기세에 놀랐는지 남학생이 교단에서 "으앙" 하고 울어 버렸다.

우리는 사금파리로 접시를 삼고, 각시풀로 신랑각시를 만들어 소꿉놀이도 했다. 공기놀이 하다가 싸우고 헤어져도 다음 날 또 만나 공기놀이를 했다. 어쩌다 한 번 해 본 깡통차기가 어찌나 재미있었는지 저녁밥 먹으라고 부르는 어머니의 목소리가 들릴 때까지 깜깜해지도록 정신없이 놀았다. 또 저녁때면 낮게 나는 제비들이 곧 잡힐 것 같아서 그 빠른 제비를 잡겠다고 이리 뛰고 저리 뛰곤 했다. 2학년 올라가면서 짝꿍과 나는 다른 반으로 갈라지게 되었는데 그 친구가 얼마나 울고불고했는지 결국 다시 나와 한 반으로 넣어 주었다.

그러나 부모님은 오래전에 세상을 떠나셨고 우리 남매들도 안동을 떠난 지 오래되어 이제는 아스라한 기억만이 남아 있을 뿐이다. 대신 대학교 때부터 서울에서 살았으니 외국 생활 10여 년을 빼면 거의 40~50년 정도 서울에서 산 셈이다. 이 정도 살았으면 서울이 제2의 고향이 되련만, 서울은 여전히 고향 느낌이 들지 않는다.

그런데 이상하게도 남도와 엑상프로방스는 마음의 고향처럼 느껴진다. 두 곳은 지리적으로 멀리 떨어져 있고 언어와 역사도 다르지만, 마음속 깊숙이 따스해지고 친밀한 느낌이 드는 게 똑같다. 고향처럼 자꾸 가고 싶은 곳이고 그리운 사람들이 많다. 나를 따뜻하게 감싸는 것 같은 땅과 자연, 문화와 예술, 정감이 흐르는 거리, 사람들의 눈빛, 이 모든 것이 마음을 편안하게 이끌고 휴식과 힐링을 느끼게 한다.

"와따메, 겁나 반갑소잉."

전남대 학장님이 걸쭉한 전라도 사투리로 인사를 건넸다. 나는 1978년 31세에 전남대 사회학과 조교수로 임용되어 광주로 가면서 남도와 인연을 맺었다. 벌써 40여 년 전 일이다. 광주는 한마디로 남도의 아름다운 풍광 속에 사람들의 정이 그득한 곳이었다. 당시 전남대는 새로 젊은 교수들을 많이 임용해서 분위기가 무척 발랄하고 활기찼다.

학교에 가면 학장실에 가서 같이 커피를 마셨는데 어느 날 나는 여느 때처럼 빈자리에 앉았다. 그런데 그 자리가 하필 학장님의 자리였다. 미국에서 귀국한 지 얼마 안 된 나는 한국의 교수 사회에서 당연시된 전통적인 위계 질서에 익숙하지 않았다. 다른 교수들은 절대로 그 자리에 앉지 않았는데 뭣도 모르는 내가 어쩌다 그 자리에 앉아서 눈치 없는 교수로 낙인 찍히고 놀림을 받았다. 그래도 눈만 뜨면 학교에 가고 싶었다. 다른 교수들이 보고 싶어서였다. 우리는 같이 커피를 마시고, 점심도 먹고, 남도의 한국화를 감상하며 이야기를 나눴다. 심지어 일요일에도 연구실에 나갔다. 다른 교수들도 영락없이 나와 있었다. 서로 마주치면 저절로 웃음이 나왔다. 나는 30여 년간 교수로 지냈는데, 전남대에서처럼 동료 교수들을 가깝게 느끼고 서로를 친구로 대해 본 적이 없었다.

그때는 학생들과의 관계도 가까웠다. 사회학과가 생긴 지 얼마 되지 않았고 교수들도 막 오기 시작한 때라 더 그랬을지도 모른다. 특히 1976년에 입학한 1기 학생들은 교수 없이 강사와 지내 온 지 2년이나 되어서인지 나를 잘 따랐다. 나 또한 소풍을 가면 학생들 틈에 끼어 같이 놀았고, 학생들 사이에 누가 누구를 좋아하는지도 알 정도였다.

당시 내 강의 실력은 형편없었을 것이다. 초짜 교수라서 밤 늦게까지 강의 준비를 했지만, 학생들이 잘 알아듣게 강의했는지는 모르겠다. 특히 기억나는 것은 학생들의 면학 분위기가 뜨거웠다는 것이다. 다른 학과 학생들까지 내 강의를 듣고 싶다고 해서 강의 시간을 바꾸었는데, 어찌어찌 시간을 맞추다

보니 아침 8시에 시작하는 0교시 수업을 하게 되었다. 어느 비오는 날에는 이른 아침이라 사방이 어두컴컴했다. 그때 어둑어둑한 강의실 자리를 꽉 채운 학생들의 초롱초롱한 눈빛을 보고 가슴이 일렁였다. 그 눈빛에 보답하고 싶어서 강의를 좀 더 잘해야겠다고 결심했고 매일 밤 강의 준비로 새벽 한두 시까지 깨어 있곤 했다.

학생들이 졸업반이 되면서 겪는 어려움도 알게 되었다. 당시만 해도 대학을 졸업하면 취업이 그리 어려운 일은 아니었다. 그런데 어떤 회사에서는 전라도 출신이라는 이유만으로 서류 접수조차 받지 않는다고 울분을 토하는 학생들이 있었다.

그러던 중 1980년 광주 5·18민중항쟁이 터졌다. 훗날 광주민주화운동으로 공식 인정을 받았지만, 당시의 광주는 완전히 공포 분위기였다. 남편은 미국에서 공부를 마치고 독일 빌레펠트 대학에서 박사후(포스트닥) 연구를 하는 중이었다. 나는 광주에 혼자 있었기 때문에 저녁이 되면 더욱 무서웠다. 텔레비전에서 방영하는 〈달동네〉라는 드라마가 인기였는데, 이를 보고 있으면 화면 아래에 '지금 군인들이 집집마다 학생들을 찾으려고 수색을 한다는 소문이 돌고 있는데 이는 헛소문이니 믿지 말라.'는 내용의 자막이 지나가곤 했다. 그 자막이 나오면 더 무섭고 두려웠다. 학생들의 안위도 몹시 걱정스러웠다. 독일에 있던 남편은 밤마다 전화로 안부를 물었다. 독일에서는 광주사태가 톱뉴스로 방송되고 있었기 때문이다.

나는 전남대 교수들의 시위에 함께 참여하기도 했지만, 결국 5월 20일 오전에 기차를 타고 광주를 탈출했다. 나중에 알고 보니 그 기차가 광주를 떠나는 마지막 기차였고 그 이후 광주는 완전히 봉쇄되었다. 겁쟁이인 나는 그렇게 광주를 도망쳐 나왔고 이것은 평생 미안함과 빚으로 남았다.

그 뒤 전남대를 떠나 한양대로 옮겼고, 2013년 정년 퇴임을 한 뒤 용기를 내어 5·18광주민주화운동을 연구하기 위해 다시 광주를 찾았다. 오랜 세월이 지났는데도 제자들은 나를 어제 본 듯 반갑게 맞아 주었다. 광주뿐 아니라 목포, 해남에 사는 제자들도 먼 길을 달려왔다. 너무나 고마운 일이었다.

전남대에 있었던 기간은 3년밖에 되지 않지만, 아는 사람 하나 없이 하늘에서 뚝 떨어진 것 같은 나에게 정말 가족 같은 정을 느끼게 한 사람들이 많다. 그 시절에도 그랬고, 지금까지도 마찬가지다. 나와 남도의 관계는 이렇게 시작했고 좋은 기억들이 쌓여 남도는 마음속 한자리를 쏙 차지하게 된 것이다.

프랑스의 엑상프로방스와 맺은 인연은 특별한 행운 같은 것이었다. 남편이 2010년 서울대에서 정년을 맞은 후, 중국 베이징北京 대학에서 초빙교수로 있을 때 국제인권대회에 가서 한 프랑스 학자를 알게 되었다. 이 인연은 엑스-마르세유 대학AMU 교수인 질 캄파뇰로Gilles Campagnolo와의 만남으로 이어졌고, 우리 부부는 그가 주도하는 '유럽-중국 자유주의 비교 연구' 프로젝트에 참여하게 되었다. 질 교수의 권유로 우리는 매년 엑스에 가게 된 것이다.

엑스는 평소에 갈망하던 바로 그런 곳이었다. 하늘은 한 점 티 없이 파랗고, 태양은 눈부시게 빛나고, 공기는 더할 나위 없이 맑았다. 마을이 작아서 어디든 걸어서 갈 수 있고, 도시라면 으레 겪는 교통 체증이나 매연은 전혀 걱정할 필요가 없었다. 위 연구의 일환으로 이탈리아의 토리노, 체코의 프라하 등으로 갈 수도 있었지만, 우리는 엑스에 매료되어 2014년부터 2018년까지 5년간 매년 그곳으로 갔다. 5년 동안 서너 달씩 살면서 봄여름을 보냈으니 어느새 엑스는 익숙한 동네가 되었다.

엑스에서 지내는 동안 우리는 잊지 못할 경험을 했다. 아름다운 자연, 오래된 문화 유적과 멋진 예술가들의 그림에 넋을 놓았다. 특히 나를 사로잡은 것은 이곳의 시골 분위기와 좋은 사람들과의 인연이었다. 프랑스 사람들은 개인주의가 강하다고들 하지만 우리가 알고 지낸 사람들은 너무나 따뜻하고 정이 많았다.

엑스의 하루는 거의 매일 축제 같았다. 아침마다 시청 앞 광장에는 온갖 종류의 과일, 야채, 고기, 치즈, 꿀, 골동품 등을 파는 활기 넘치는 시장이 열리고 오가는 사람들이 서로 미소를 지었다. 주변의 식당이나 빵집에는 많은 사람들이 앉아 이 공간의 흐름과 풍경을 즐겼다. 화사한 날씨, 청명한 하늘, 따뜻한 햇볕, 시원한 바람과 함께 오고 가는 사람들의 파도가 정말 한 폭의 그림 같았다. 이곳을 혼자만 즐길 수는 없어서 가족과 친구들을 초대하기도 했다. 가족과 친구들을 초대하니 내가 이곳 사람인 것 같고 이곳이 내 집 같았다.

나는 외국 생활을 오래 했다. 1972년부터 6년간 미국 일리노이에서 유학했고, 1991~1992년에는 뉴욕 컬럼비아 대학에서 1년간 연구년을 보냈다. 2013년 한양대에서 정년을 한 후에는 3년간 한 학기씩 베이징 대학 법대에서 초빙교수로 강의했다. 독일에서도 1년간 연구했으며 영국, 일본에서도 몇 달간 살았다. 그러나 어디에서도 마음의 고향 같은 느낌이 들지는 않았다.

그런데 엑상프로방스는 달랐다. 오랫동안 대도시에서 생활하면서 늘 목말라하던 갈증을 채워 주는 곳이었다. 길가 카페에 앉아 커피 한 잔 시켜 놓고 오가는 사람들을 보는 것만으로 행복을 느낄 수 있었다. 집에서 읽던 책을 카페에 가져와 몇 시간이고 읽는 것도 즐거운 일이었다. 서울에서는 불면증에 시달렸는데 여기서는 잠도 잘 잤다. 게다가 친정 어머니처럼 맛있는 음식을 만들어 주고 항상 반겨 주는 사람들도 있었다. 따뜻한 정감으로 이어지는 마음의 소통, 어머니에 대한 그리움, 고향의 훈훈한 정이 다 느껴지는 곳이었다.

이렇듯 내가 경험한 남도와 엑스는 비슷한 점이 많았다. 두 지역 모두 산과 바다가 어우러진 아름다운 풍경을 자랑하지만, 수도인 서울이나 파리에서 멀리 떨어진 땅끝마을이다. 그래서인지 두 곳에는 이름난 유배지와 감옥이 있다. 슬프고 아픈 역사가 있는 것이다. 또한 엑스에는 생트빅투아르Sainte-Victoire라는 하얀 돌산이 있는데, 해남 근처에도 월출산이나 달마산 같은 돌산이 있다. 바다를 끼고 있어서 아름다운 해변과 섬이 많고 먹거리가 풍부하며, 문인이나 화가가 많이 배출된 점도 비슷하다.

인도양 건너 멀리 떨어져 있는 두 지역, 프로방스와 남도가 얼마나 비슷한지, 나만의 경험과 느낌을 기록으로 담고 싶었다. 두 지역을 비교하는 것도 흥미 있는 일이지만, 내 마음을 사로잡은 화두는 고향이란 무엇인가, 왜 어떻게 엑스와 남도가 고향처럼 느껴지는가라는 질문이었다. 이런 질문들을 통해 나 자신의 뿌리, 근본적인 정체성에 대해 해답을 찾아보고자 했다.

 이 과정에서 나는 어린 시절부터 간직해 온 꿈을 펼치고 싶다는 희망에 다다랐다. 이제 고향은 친밀하게 회고되는 과거의 기억으로 그치는 것이 아니라 나를 나답게 만드는 원초적인 꿈을 밀어주고 이끄는 미래의 에너지처럼 느껴진다.

 그리우면서도 애틋한 마음을 담아 두 지역의 풍광을 담은 그림도 그리게 되었다. 이 작업은 근래 내가 몹시 아픈 상태에서 벗어나면서 시작한 것이어서 그림은 아직 덜 익은 과일처럼 어설플 것이다. 하지만 이 그림에는 마음에 남아 있던 찌꺼기를 씻어 내고 새로운 희망이 솟아나는 힐링의 과정이 고스란히 담겨 있다. 그런 이유로 마음속 고향, 남도와 엑스를 반갑게 찾아가는 이 책에 미숙하나마 정성을 담은 그림을 넣게 되어 무척 기쁘다.

2025년 2월

심 영 희

남도 중의 남도, 해남과 강진

한반도 서남부에 위치한 전라남도는 나주평야로 유명한 곡창지대이다. 이곳에 한반도의 땅끝이 있고, 지리적으로 서울에서 멀리 떨어져 있다. 그래서 옛날에는 억울한 누명을 쓴 선비들의 유배지가 되기도 했다. 전쟁이 나면 주민들이 스스로 안전을 지켜야 했고, 정치적으로 박해를 받은 곳이기도 하다.

현대에 들어와서도 정부의 관심을 받지 못하여 산업화와 개발에서 다른 곳보다 뒤처졌다. 이러한 지리적, 역사적, 정치적 이유 때문에 주민들 간에 서로 돕는 두레, 품앗이, 계 등 자생적인 전통이 오래 이어져 왔다. 이 책에서 말하는 '남도'는 전라남도에서도 특히 서남부에 자리한 곳을 가리킨다. 다시 말해 강진, 해남과 같은 해안 지역과 진도, 완도와 같은 섬을 말한다. 내게는 이 지역들이 '남도 중의 남도'로 다가왔기 때문이다.

무위사

장흥군

영랑 생가
강진군
명량대첩지 해남군 백련사
다산초당
명유당
녹우당
강진청자
박물관
진도군 대흥사
두륜산
운림산방

미황사
달마산

땅끝마을 완도군
명사십리

윤선도 원림 노화도
보길도

프로방스의 심장, 엑상프로방스

엑상프로방스는 프랑스의 남동부에 있는 프로방스-알프-코트다쥐르 지역에 속하고, 구역으로는 부슈뒤론 구역에 속한다. '부슈뒤론'은 론 강 하구라는 뜻이다. 남쪽에 지중해가 있고, 이 지역의 수도는 마르세유이다.

엑상프로방스를 줄여서 '엑스'라고도 하는데, 흔히 '프로방스의 심장'이라고 부른다. 일단 지리적으로 프로방스 지역의 중심에 위치하고 있기 때문이다. 프로방스의 아름다운 작은 마을들은 프랑스의 가장 뛰어난 관광자원인데, 엑스에서는 이 작은 마을들을 대부분 1시간이나 1시간 반 정도에 갈 수 있다. 날씨도 좋아서 일 년 중 평균 300일은 햇빛이 나고 91일 비가 온다고 한다. 가끔 '미스트랄'이라는 강한 바람이 불기는 해도 엑스는 살기 좋은 지중해 기후를 가진 프로방스 지역을 대표하는 곳이다.

엑스에는 기원전부터 사람이 살았는데 로마시대 때는 로마에 속했고 덕분에 로마 유적이 좀 남아 있다. 그 후 배자령인 프로방스공국의 수도로 있다가 프랑스에 속하게 되었는데, 프랑스 남부의 중심에 자리한 위치 때문에 일찍부터 교육, 문화, 행정의 중심지로 자리 잡았다. 15세기에 이미 대학이 생겼을 정도이다. 현대에 와서는 인근 항구 도시 마르세유가 훨씬 커졌지만, 여전히 엑스만의 역사와 전통을 지켜 가고 있다.

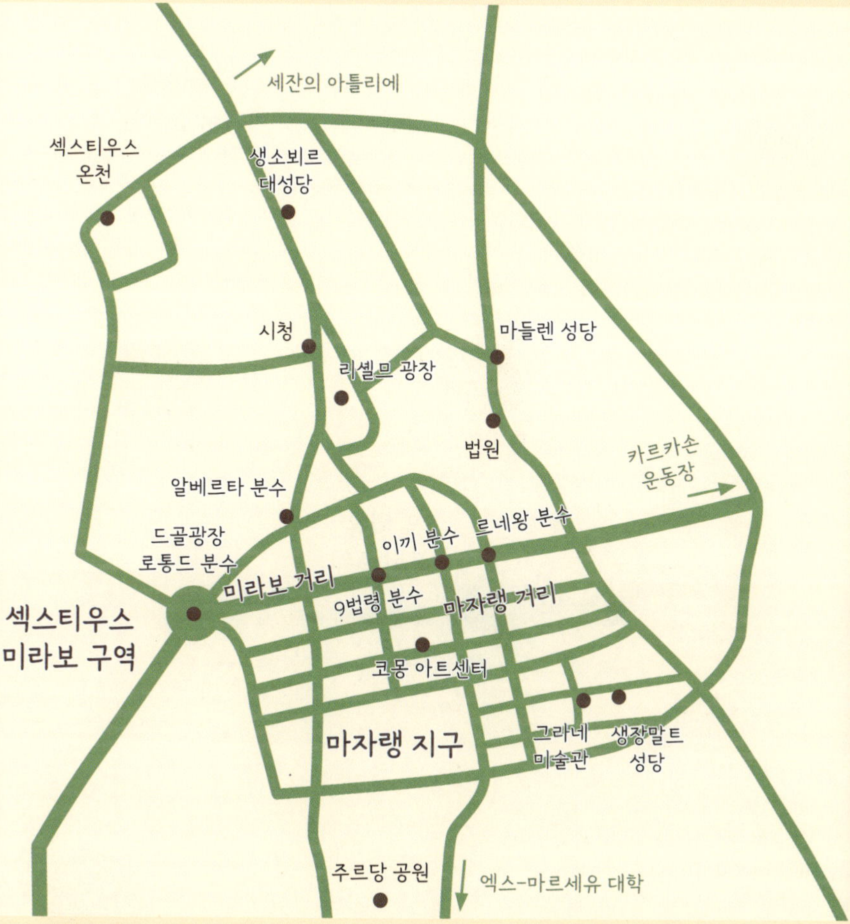
세잔의 아틀리에
섹스티우스 온천
생소뵈르 대성당
시청
리셸므 광장
마들렌 성당
법원
카르카손 운동장
알베르타 분수
드골광장 로통드 분수
이끼 분수
르네왕 분수
미라보 거리
9법령 분수
마자랭 거리
섹스티우스 미라보 구역
코몽 아트센터
마자랭 지구
그라네 미술관
생장말트 성당
주르당 공원
엑스-마르세유 대학

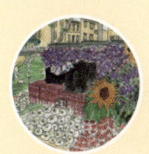

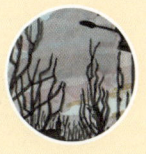

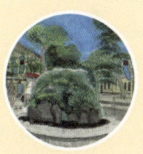

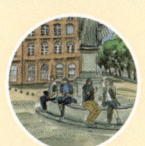

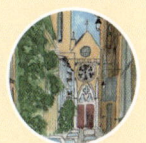

프랑스 남동부, 프로방스

뤼베롱 국립공원

가르 다리

생베네제 다리

퐁텐 드 보클뤼즈

루시용

아비뇽

고르드

가르동강

카바용

루르마랭

● 생레미

론강

레보

퐁비에유

알피유 국립공원

아를

← 에그모르트

카마르그 습지

엑상프로방스 ●

▲ 생트빅투아르산

생마리 드라메르 성당

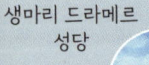

마르세유

이프섬

카시스

지중해

발랑솔
● 라벤더 들판

● 무스티에 생마리
성당

베르동 국립공원

베르동 협곡

뒤랑스강

● 오바뉴

**칼랑크
국립공원**

→
칸, 니스

차례

프롤로그: 남도와 엑상프로방스와의 인연 4
〈지도〉 남도 중의 남도, 해남과 강진 16
〈지도〉 프로방스의 심장, 엑상프로방스 18
〈지도〉 프랑스 남동부, 프로방스 20

1부 붉은 땅, 푸른 바다, 하얀 돌산

1장 남도, 붉고 향기롭고 고귀한 꽃처럼
붉은 해남 땅 30
옛날 시골집 같은 유선관 32
도솔암 올라가는 길의 진달래 39
달마고도, 오래된 수행자의 길 44
비단 모래 바닷가, 완도의 명사십리 48

2장 엑상프로방스, 눈부신 태양과 파란 하늘
걸어 다닐 수 있어서 좋은 엑스 52
기하학적 모양의 가로수 56
미라보 카페의 단골이 되다 60
엑스의 뒷산 생트빅투아르 63
풍덩 빠지고 싶은 카시스 68

2부 오래된 위로와 평화, 사찰과 성당

1장 마음을 비우고 다시 채우는 남도의 사찰
대흥사에서 옛 친구들을 생각하다 76
승병대장 서산 대사를 모신 의외의 공간, 표충사 81
초의, 다산, 추사, 소치가 만난 역사의 현장, 일지암 84
아름다운 동백숲길 따라, 백련사 88
마음을 버리며 오르는 108계단, 미황사 92
욕심 없던 어머니가 생각나는 곳, 무위사 97

2장 화려하고 웅장한 프로방스의 성당들
아비뇽 교황청, 로마를 대신했던 가톨릭 중심지 102
에그모르트, 역사적인 십자군의 마을 104
엑스 성당들의 장엄한 미사 의식 107
라벤더 들판과 별이 달린 마을 112
작고 아담한 무스티에 생마리 성당과 베르동 협곡 116
생마리 드라메르 성당, 바닷가에 지은 성녀들의 성당 121

☕ 프로방스의 명물, 올리브나무 125

3부 고향의 자연과 언어를 사랑한 예술가들

1장 자연을 벗삼은 남도의 예술가들
마음의 고향을 그린 소치 허련의 산수화 130
시대의 욕망을 그린 소치의 묵모란 135
공재 윤두서, 근본으로 돌아가고자 한 양반 화가 140
고산 윤선도, 보길도에 이상향을 꾸린 비판적 지식인 147
영랑 김윤식, 사투리로 고향을 노래한 시인 156

2장 프로방스를 사랑한 예술가들
폴 세잔, 자기만의 방식을 고집한 화가 164
꿈과 열망을 자신만의 방식으로 표현한 고흐 172
예술가 공동체를 꿈꾸었으나 정신병원에 갇힌 고흐 176
알퐁스 도데, 잃어버린 것을 애틋해하는 사투리 작가 181
마르셀 파뇰, 어린 시절을 그린 『마르셀의 여름』 185

4부 땅끝마을 사람들, 마음을 흔들고 입맛을 사로잡다

1장 지나가는 사람도 불러 세우는 남도의 정
마음의 고향에서 치유 받는 사람들 192
풋나락, 물감자의 삶을 즐기는 남도인 196
땅끝마을 외딴집에 사는 제자 201
후각과 미각을 뒤흔드는 토속적인 남도의 맛, 삭힌 홍어 203
명유당의 봄나물 밥상과 어머니의 갈치구이 206
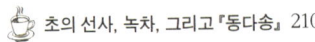 초의 선사, 녹차, 그리고 『동다송』 210

2장 개성 넘치고 마음도 따스한 프로방스 사람들

자존심 강하고 거리낌 없는 엑수아 214
외딴집을 한국학 허브로 만든 부부 220
남도를 좋아하는 마르세유 사람 223
아침 시장의 신선한 야채와 과일들 226
카프레제 샐러드, 카르파초, 부야베스 229
미셸 교수 별장에서 즐긴 프랑스 가정식 234

 카페 구르망, 테 구르망 237

5부 아픈 역사 속에서 피어난 치유와 희망의 꽃

1장 아릿한 역사를 안은 아름다운 강산

유배지가 치유의 땅으로 242
아픈 역사를 뒤로하고 관광지가 된 마르세유 르 파니에 245
산업화를 거부하고 옛 모습을 보존한 엑스 248

2장 슬픈 유배지와 감옥에서 솟은 희망

사의재의 이방인, 정약용 254
유배지에서 자기 발견을 한 정약용 257
이프섬에서 힘을 길러 복수한 『몬테크리스토 백작』 265
루르마랭에서 고향을 발견한 카뮈 271

에필로그: 정든 타향에서 나를 만나다 276

감사의 말 285
참고문헌 288

1부

붉은 땅, 푸른 바다, 하얀 돌산

해남과 엑상프로방스에서 공통적으로 가장 먼저 만난 것은 붉은 땅이다. 차를 타고 아스팔트와 보도블록에 뒤덮인 대도시를 벗어날 즈음 맨흙이 보이기 시작한다. 그런데 땅이 붉은색이다. 강렬하면서도 신기하다. 1부에서는 해남과 프로방스에서 처음 만난 붉은 땅에서 시작해 두 곳의 자연 풍광을 만나 본다. 해남의 도솔암, 달마고도와 완도의 명사십리, 프로방스의 생트빅투아르산과 카시스 해안 절벽으로 안내할 것이다.

1장

남도, 붉고 향기롭고 고귀한 꽃처럼

붉은 해남 땅

해남 땅에 들어서면서 처음 눈에 띈 것은 붉디붉은 흙이었다. 땅이 붉다는 것은 무슨 의미일까? 비옥하다는 뜻일까? 아니면 척박하다는 뜻일까? 나에게 붉은 땅은 '강한 생명력'이라는 의미로 다가왔다. 남도 지역은 황토 땅이 많은데 황토가 유기물이나 광물질을 쉽게 흡착해서 붉은빛을 띠며, 그런 토양이 농사에 도움이 된다고 한다.

프로방스 지방에 처음 갔을 때도 땅이 붉어서 인상적이었다. 거기는 '오크레ocre'라는 붉은 흙이 많기 때문이라고 한다. 루시용Roussillon이라는 곳은 붉은 오크레로 형성된 협곡이 유명해서 '작은 콜로라도'라는 별명이 붙어 있을 정도이다. 그러고 보니 미국 소설가 마거릿 미첼Margaret Mitchell이 쓴 『바람과 함께 사라지다』에서 조지아의 땅도 붉다고 나온다.

"여보세요. 복희니? 나 해남에 왔어."

남도에 들어서면서 제자 채복희에게 전화를 했다. 1978년 전남대에 임용되어 갔을 때 만난 사회학과 1회 졸업생이다. 오랫동안 만나지 못하다가 2018년 광주를 방문했을 때 40년 만에 복희를 다시 만났다. 마음에 잔잔한 감동을 느꼈던 것을 기억한다. 그 이후 광주에 들렀을 때 다른 제자들은 보았지만 복희는 보지 못했다. 해남에 멀리 떨어져 살았기 때문이다. 나는 낯을 좀 가리는 편인데 이번에는 스스럼없이 전화했다. 오랜만에 다시 보고 싶었기 때문이다.

기억 속의 복희는 전형적인 미인형으로 대학 때 인기가 많았다. 나중에 들어 보니 졸업 후 결혼하고도 어머니의 도움으로 애들을 키우면서 오랫동안 기자로 활동했다고 한다. 그것만 보아도 얼마나 독립심이 강하고 똑똑한 사람인지 알 수 있었다.

"선생님, 혹시 달마고도 가 보셨어요?"

내가 해남으로 가고 있다고 하자 복희가 대뜸 '달마고도'에 가 보자고 했다. 트레킹 코스로 아주 좋은 곳이라고 한다.

"달마고도?"

나는 전혀 모르는 곳이었다. 고도는 옛길이라는 뜻인데, 그때는 고도라는 말을 듣고 상당히 높은 산일 거라고 지레짐작했다. 자신 없는 목소리로 말했다.

"높은 곳, 험한 곳은 이제 나이도 들고 해서 가기 힘든데."

"그러면 도솔암이라도 가 보시면 좋겠어요."

나는 해남에 오기 전에 월출산만 생각했다. 월출산이 돌산이라 엑상프로방스의 생트빅투아르산과 비슷하지 않을까 막연히 생각한 것이다. 그런데 달마고도가 있을 줄이야. 생각해 보니 달마고도가 생트빅투아르산과 더 비슷할 것 같았다. 돌산인 데다 산맥이 길게 이어져 있으니까. 미처 생각하지 못한 흥미로운 코스에 관심이 쏠렸다.

옛날 시골집 같은 유선관

우리 가족은 2023년 3월 말 남도 여행길에 올랐다. 2018년에 유럽에 다녀온 뒤로 한 첫 여행이니 거의 5년 만이다. 그다음 해인 2024년 봄에도 남도에 다시 갔다. 처음에는 남도 여기저기서 2박이나 3박씩 하고 이동할 예정으로 일정을 짰지만, 해남에 오래 머물기로 생각을 바꿨다. 그래야 몸도 덜 힘들고 짐 싸고 푸는 시간을 줄일 수 있을 뿐 아니라 한 군데 머물며 안정된 느낌을 가질 수 있어서, 마음이 더 편안하고 여행도 더 즐거울 것 같았다.

우리는 '유선관'이라는 한옥 호텔에 여장을 풀었다. 유선관은 110년 역사를 자랑하는 우리나라 최초의 여관이라고 한다. 깊은 숲에 있는 사찰 대흥사를 찾는 불자들을 위해 1914년 문을 열었고, 일반 방문자를 받기 시작한 것은 1960년대부터라고 한다. 오랫동안 '유선여관'으로 불리다가 2021년쯤에 복원과 재단장을 거쳐 '유선관'으로 개명해 다시 열었다. 대흥사 매표소에서 숲길을 따라 자동차로 한참을 들어와야 하는 곳이라

주위가 아주 조용했다. 자동찻길 옆으로 산책길도 여럿 있다고 하니 정말 숲속에 들어앉은 쾌적한 숙소였다.

차에서 내리니 돌담 안쪽으로 한옥이 보였다. 입구로 들어가면 자갈이 깔린 큰 마당이 있고 한옥으로 지은 유선 카페가 나온다. 유선 카페를 끼고 오른쪽으로 둘러서 뒤로 돌아가면 작은 정원과 함께 한옥들이 나타난다. 안내하는 사람이 신발을 호텔 입구에 있는 신발장에 넣고 슬리퍼로 갈아 신으라고 했다. 왜 그러냐고 물어보니 한옥 구조상 신발을 집 밖에 두어야 하는데 비가 오면 신발이 다 젖기 때문이란다. 현관이 따로 없고 댓돌에 올라서면 바로 방이 나오기 때문이다.

신발을 갈아 신고 한옥을 돌아 들어가니 자갈 깔린 마당 가운데 붉은 벽돌로 쌓은 굴뚝이 높이 서 있다. 굴뚝을 중심으로 한옥들이 빙 둘러 있는데 열린 사합원四合院 같은 느낌이었다. 모두 여섯 개의 객실이 있는데 그중 두 개가 독채였다. 나머지 네 개는 하나의 한옥 건물에 방들이 마루로 연결되어 나란히 붙어 있었다. 마루가 높아서인지 부잣집 사랑방 같은 느낌이었다.

우리가 묵은 곳은 마당 한쪽에 따로 떨어져 있는 독채 한옥으로 옛날 한옥 모습 그대로였다. 옛날식의 좁다란 툇마루가 있는데 참 예쁘고 정겨웠다. 우리는 거기 나란히 앉아 사진부터 찍었다. 쇠로 된 문고리를 잡아당겨 좁은 창살문을 열고 나서 댓돌을 딛고 방에 올라서야 하는 것도 완전히 옛날식이었다.

어머니가 돌아가시고 나서 시골집을 정리했는데 그 뒤로 고향집이 없어져서 몹시 서운했다. 편리하다는 이유로 대도시에서, 그것도 아파트에 살면서 고향집을 잊어 갔다. 주위의 교수들 중에는 서울에서 가까운 곳에 집을 얻어 놓고 주말이면 가서 쉬고 텃밭도 가꾸는 사람들이 있었는데 그들이 부러웠다. 바쁘면 바쁠수록 시골집이 그리워졌다. 아마도 이런 것이 고향을 상실한 자의 느낌인가 보다.

강의, 연구에 보직까지 맡아 정신없이 바쁜 나날을 보낸 후 11년 만에야 연구년을 가게 되었을 때 내 머릿속에 떠오른 곳은 듣도 보도 못한 네팔이었다. 왜 네팔이었을까? 네팔이 산속이고 개발되지 않은 곳이라는 이미지 때문이었을 것이다. 그냥 아무도 모르는 곳에 가서 숨어 있고 싶었다. 전기도 수도도 없는 원시적인 깡시골, 아는 사람 하나 없는 곳에 가고 싶었다. 그만큼 시골 고향이 그리웠던 것이리라. 그런데 이곳 한옥 호텔이 뜻밖에도 고향 시골집 같은 느낌을 주었다. 한옥이라고 알고는 있었지만 정말 행운이었다.

방 내부 역시 한옥식 디자인이면서도 편의를 위해 부분적으로 서양식을 따랐다. 내부 벽면과 천장 마감재로 미색에 살짝 점이 박혀 있는 한지를 사용해서 그런지 아늑한 느낌이 들었다. 침대가 있었지만 아주 나지막했고 거실과 침실을 구분한 것은 유리창이 아니라 리노베이션 때 살려 둔 오래되고 구부정한 기둥과 삼베 천이었다. 바닥은 온돌로 했는지 따뜻하고 아늑한 느낌을 주었다. 침대방에는 승복과 비슷한 갈색과 베이지색의 개량한복이 걸려 있었다. 잠옷으로 입거나 스파 갈 때 입으면 편리했다. 다만 세면대와 화장실 샤워장은 서양식이었다.

밤이 되면 밖이 칠흑같이 어둡고 차 소리가 전혀 나지 않아 절처럼 조용했다. 사실 대흥사 경내이니 '절처럼'이 아니라 절 안에 들어온 셈이다. 대부분의 호텔에 구비되어 있는 텔레비전이 없는 것도 특이했다 덕분에 잠을 아주 편히 잘 수 있었다.

스파를 하려고 새벽에 일찍 일어났다. 새소리가 들렸다. 마당을 한 바퀴 둘러본 뒤 뒤뜰로 갔다. 홍매는 이미 졌지만 다른 꽃들이 피어 있었다. 돌로 된 야외 탁자 주변에 떨어진 붉은 동백꽃들이 분위기를 돋웠다. 거기 앉아 보고 싶은 마음이 났지만, 동백꽃을 깔아뭉갤까 봐 못 앉았다. 마당 끝에는 네 그루의 나무가 서로 연결되어 있는 아름드리 연리지 나무가 있었다. 나중에 들으니 영화 〈서편제〉에서 오정해가 노래를 한 바로 그 곳이었다. 그 옆은 깊은 계곡으로 물이 졸졸 흘렀고, 계곡은 높은 산으로 이어졌다. 겨울을 지낸 나무들에 이제 막 연초록 잎이 돋고 있었다. 연둣빛 산을 뒤로한 연초록 나무들이라니!

꿈 같은 광경이었다. 세상에 이런 호텔이 있다니…. 내가 이런 호텔에 머물고 있다니…. 갑자기 모든 것이 비현실적으로 느껴졌다. 과거와 현재가, 동양과 서양이, 현실과 비현실이 섞여 있는 듯했다. 스파에 들어가니 이런 느낌은 더 깊어졌다.

스파는 또 다른 한옥 건물에 자리 잡고 있었다. 댓돌을 딛고 마루에 올라 한지로 된 방문을 열고 들어가자 안에 또 하나의 한지 문이 있었다. 그 문을 열자 두 개의 탕이 나타났다. 그 탕의 유리창 밖으로 나무들과 계곡 그리고 산이 보였다.

"어머, 정원이 있네."

정원은 아무도 들어오지 못하게 담으로 둘러싸여 있었다. 몸과 마음을 온전히 내려놓을 수 있는 그윽하고 황홀한 공간이었다. 따뜻한 물에 몸을 담그고 연초록의 정원을 눈에 담은 것은 잊지 못할 호사였다. 아침잠이 많아서 일찍 일어나지 못하는 오래된 습관에도 불구하고 유선관에 머무는 동안 그 호사를 되도록 많이 누리려고 했다.

하루는 비가 추적추적 내렸다. 유선 카페의 통유리를 통해 내다보이는 정원 풍경이 몹시 아름다웠다. 비가 오면 마음이 울적하기도 한데 이날은 전혀 그렇지 않았다. 수수꽃다리에 하얕게 핀 꽃송이들 때문이었을까? 오래된 고목인 듯 아랫기둥이 굵고 울퉁불퉁하게 이리저리 꼬인 수수꽃다리 나무에 연초록 잎사귀 몇 개와 함께 탐스러운 꽃송이들이 하얗게 핀 모습을 보니 빗소리도 즐겁게 느껴졌다. 영화 〈사랑은 비를 타고〉에서 쏟아지는 빗줄기 속에서 빗물을 튕기며 첨벙거리면서 춤을 추고 노래를 부르는 진 켈리Gene Kelly를 보는 것처럼 즐겁고 유쾌했다.

  밖으로 나가니 어디선가 거센 물소리가 났다. 물소리를 따라가 보니 연리지 나무 옆의 계곡에서 밤새 불어난 물이 폭포처럼 쏟아졌다. 빗소리가 커지면서 어디선가 꽃향기도 풍겨 왔다. 작지만 잘 가꾼 정원에는 꽃이 이미 져 버린 홍매나무도 있고, 키가 무릎에도 닿지 않는 앙증맞은 미니 복사꽃 나무도 있었다. 그 작은 나무에 복사꽃이 몇 개 피어 있었다. 계단식 나무판 위에 진열한 화분들 가운데 진분홍 꽃들이 화사하게 피어 눈길을 끌었다. 꽃향기가 좋아 나중에 물어보니 향기가 천리까지 간다는 천리향이라고 했다. 봄날의 꽃들과 빗소리가 멋진 하모니를 이루었다.

도솔암 올라가는 길의 진달래

도솔암은 달마산 미황사의 열두 암자 중 한 곳으로 도솔봉 산마루에 있다. 『신증동국여지승람』에 따르면 도솔암은 통일신라 말 우리나라에 최초로 화엄종을 일으킨 의상 대사가 창건한 천년의 기도 도량이라고 한다. 또한 의조 화상이 미황사를 창건하기 전에 수행 정진했던 곳으로 역사적으로 유서 깊은 암자이다. 정유재란 때 명량해전에서 패한 왜구들이 해상로가 막혀 달마산으로 퇴각하던 중 발생한 화마로 소실되었으나 2002년 월정사 법조 스님이 사흘 동안 현몽을 꾸고 다시 지었다고 한다.

우리는 도솔암부터 올라갔다. 복희가 안내를 맡았다. 일단 차를 타고 산을 오르는데 구불구불 돌아 올라가는 찻길 양옆으로 산벚꽃인 듯 어리고 성긴 벚꽃들이 피어 있었다. 환하고 화려하게 핀 벚꽃보다 훨씬 정감 있고 아름다웠다.

마침내 차에서 내려 산행이 시작되었다. 말로는 20분 정도 걸린다고 하는데 울퉁불퉁하고 오르내리는 곳이 많아 걷기가 만만치 않았다. 겨우 한 사람 지나갈 수 있는 좁은 길인데 주말이어서 그런지 오가는 사람들이 많았다. 모두들 "안녕하세요." 인사를 하고 지나갔다. 힘든 산행에서 서로 조심하고 힘내라는 마음이 보이는 듯했다. 나는 용기백배해서 올라갔다.

발밑만 내려다보고 가는데 갑자기 옆이 툭 트이면서 저 멀리 아래로 땅끝 들판과 다도해의 아름다운 경관이 펼쳐졌다. "우와!" 하고 탄성이 저절로 나왔다. 웅장한 기암괴석과 뾰족뾰족한 돌산들이 연이어 나타나고 그 돌산 사이로 먼 산들이 수묵화처럼 겹쳐 보이는데 그 아래 바다가 출렁이는 절경이었다. 왼쪽으로도 바다가 보이고 오른쪽으로도 바다가 보였다. 그래서 도솔암 인근을 해남 8경 중에서도 단연 제1경으로 꼽는 모양이다.

연이어 나타나는 돌산들 앞에 갑자기 연분홍 진달래들이 나타났다. 낮은 곳에서 보지 못했던 진달래가 이 높은 곳에서는 제 세상인듯 피어 있었다. 왜 진달래는 높은 곳에서 더 아름답게 필까? 진달래라는 꽃에 대해 다시 생각하게 되었다. 낮은 땅에 있을 때는 사람들 손으로 심어 놓은 꽃이라 그저 색깔이 곱구나 정도로 느꼈지만, 이 높은 곳에 피느라 혼자 힘으로 얼마나 애썼을까 생각하니 아름답고 처연하고 범접할 수 없이 고귀하게 보였다.

오르내리기를 반복하다가 도솔암이 보이는 곳에 도착했다. 깎아지른 바위 사이에 석축을 쌓아 올려 평평하게 만든 곳에 자리 잡고 있다. 구름 속에 떠 있는 듯한 느낌을 주어 신비한 선경의 세계로 빠져들게 한다.

갈림길이 나왔다. 오른쪽으로 가면 스님이 거처하는 요사채가 있고 왼쪽으로 계단을 내려가면 도솔암이 있다. 복희가 마침 이곳 스님을 안다고 하여 먼저 요사채에 들러서 도솔암을 재건한 법조 스님을 만나는 행운을 누릴 수 있었다.

스님 방에 들어가니 차도구와 작은 앉은뱅이 책상 외에는 별다른 가구가 보이지 않았다. 22년간 도솔암을 지켜 온 법조 스님과 차를 마시며 이야기를 나눴다. 스님은 생긴 모습부터 인상적이었다. 앞이마가 튀어나온 앞짱구에 고집쟁이 인상이 보였다. 20여 년간 도솔암을 지킨 것도 그 고집 때문이 아니었을까 싶었다. 말씀도 툭툭 무심하게 던지는 것 같은데 깊은 의미가 있었다.

"간절한 마음이 있어야 해요."

스님의 이야기는 범상한 것 같으면서도 범상하지 않았다. 스님은 간절한 마음으로 수행을 하는 것이 기본인데, 인기 많은 스타 스님이 되면 수행이 해이해지고 세속적인 것들이 눈과 마음에 들어올 수 있단다. 그렇게 되면 어느 날 한 방에 나가떨어질 수 있다는 말씀을 하셨다. 최근에 자살한 어떤 스님도 이런 사례가 아닌가 했다. 그것은 스님들에게만 해당되는 말이 아니라 보통 사람에게도 적용되는 중요한 말이었다.

복희는 마치 주인이라도 된 것처럼 작은 찻주전자에 계속 차를 우려 나눠 주었다. 우리는 요사채를 나오면서 스님의 말씀을 되새겼다. 마음에 간절함을 담고 수행을 하는 것이 중요할 뿐만 아니라 그 간절함이 해이해지지 않도록 어떻게 유지하는가도 중요하다고 이야기를 나눴다.

요사채에서 계단을 내려갔다가 다시 힘들게 올라가야 하는 곳에 도솔암이 있었다. 낭떠러지에 간신히 붙어 있는 듯한 암자가 애틋해 보였다. 도솔암은 새로 지은 듯 발그레한 나무 속살이 보이는 조그맣고 예쁜 암자였다. 처음 도솔암을 지을 때에는 목재와 건축자재를 등짐으로 지고 날랐는데, 이번에 새로 지으면서는 헬기로 실어 날랐다고 한다. 또 전에는 앞마당이

절벽 위에 그대로 노출되어 있었는데, 재건하면서 앞마당에 돌담을 쌓았다. 그 덕분에 덜 무섭고 안정감이 있어 보였다. 왼편에는 멋있게 휜 커다란 나무가 서 있었다. 앞마당에서 돌담 너머 내다보니 뾰죽뾰죽한 돌산들과 함께 저 아래 산신각도 보였다. 암자는 주변과 어우러지는 근사한 곳에 자리 잡고 있었다. 그러니 이 높은 곳에 많은 사람들이 찾아오는 것이리라. 우리는 도솔암 안에서 간절한 마음으로 절을 올렸다.

달마고도, 오래된 수행자의 길

오후에는 달마고도에 갔다. 달마고도는 미황사의 전설과도 관련이 있다. 우리나라 불교는 중국에서 육로를 통해 들어왔다는 것이 정설이다. 그런데 미황사에는 육지가 아니라 바다를 통해 들어왔다는 주장을 뒷받침하는 전설이 있다. 이른바 불교 해로 전래설이다.

전설에 의하면 1,500여 년 전 면벽 수행하던 달마 대사가 신발 한 짝을 들고 사라졌으며, 그 뒤 500여 년이 지난 어느 날 불상과 불경을 실은 배가 땅끝마을 사자포에 나타났다고 한다. 배에는 불경과 불상 외에, 돌로 된 상자 하나가 실려 있었다. 그런데 돌로 된 상자가 홀연히 황금빛 나는 아름다운 소로 변하더니 불상과 불경을 싣고 달마 대사가 열었던 태초의 숲길을 다시 걷기 시작했다고 한다. 숲길을 걷던 아름다운 소는 어느 지점에서 갑자기 울음을 토해 냈는데 그곳에 아름다운 절 미황사를 지었다는 것이다. 바다를 통해 불교가 들어왔다는 이런 전설을 실제로 뒷받침하듯 미황사 주춧돌에는 게와 거북이 그려져 있다.

달마 대사와 황금빛 소가 걸었다는 길이 바로 달마고도이다. 스페인의 산티아고길보다 더 오래된 수도자의 길인 셈이다. 이 길은 이후 순례자의 길이 되고, 봇짐장수와 할아버지, 아버지의 고갯길이 되었다. 1,500년이 흐른 오늘날에 지게와 곡괭이, 호미와 삽을 든 일꾼들이 그 길 위에 흙과 돌무더기를 더해 다시 길을 열었다. 이 달마고도를 복원할 때는 오래전 달마산 곳곳의 열두 암자로 난 길들이 표시된 고지도를 참고했다고 한다. 게다가 본연의 자연을 훼손하지 않기 위해 기계를 전혀 사용하지 않고 돌 하나하나 사람 손으로 날라서 만들었단다. 이런 정성 덕분에 달마고도에서 다시 달마산의 1만 바위부처를 만날 수 있게 된 것이다.

나는 달마고도라는 이름을 처음 듣는 순간부터 마음이 끌렸다. 미황사에서 시작해서 도솔봉을 거쳐 다시 미황사로 돌아오는 18킬로미터의 둘레길. 인터넷을 검색해 보니, 사람들이 바윗길을 따라 일렬로 줄을 서서 걷고 있었다. 이 돌길이 몹시 궁금했는데 나의 체력으로는 도저히 갈 수 없을 것 같아 걱정이었다. 다행히 복희가 해결책을 냈다. 맛보기로 조금만 걷기로. 미황사 108계단 옆길로 차가 올라갈 수 있었다. 그래서 산허리에서부터 걷기 시작했다. 처음에는 길이 널찍하다가 부도암 삼거리에서 갈라지면서 좁아지기 시작했다. 왼쪽은 높은 산비탈, 오른쪽은 낮은 산비탈이 나타나는데 길 아래로 나무들이 빽빽하게 서 있어서 마치 나무 위 절벽길을 걷는 것 같은 특별한 느낌이 들었다. 스페인의 오냐티에 갔을 때 버스가 산 둘레를 돌아갔는데 왼쪽은 높은 산비탈이고, 오른쪽은 깎아지른 절벽 아래 나무들이 있어 마치 버스가 공중을 나는 것 같았다. 이곳도 규모는 작지만 비슷한 느낌이었다. 나무에는 이름표가 붙어 있었는데 붉가시나무, 사스레피나무, 서어나무, 굴참나무, 졸참나무 등 처음 들어 보는 나무들이 많았다.

  우리는 흔들흔들 유유자적 걸었다. 서두를 일이 없었다. 가끔씩 오가는 사람들을 만났다. 어떤 분들은 양손에 등산용 지팡이를 들고 바위를 이리 뛰고 저리 뛰며 급한 듯이 마구 뛰어서 내려왔다. '이 좋은 곳에 와서 왜 이렇게 서둘러 뛰어가는 것일까? 즐기면서 천천히 가면 좋으련만.' 하는 아쉬움과 함께 '예전의 나도 저런 모습이었을까?' 하는 생각도 들었다.

  한참을 가다 보니 오래전에 굴러 내려온 듯 커다란 바위들이 비탈길에 쌓여 있었다. 위에도 있고 아래에도 있었다. 이런 곳을 '너덜'이라고 부른다고 한다. 돌비탈이라고 할 수 있다. 너덜의 바위들은 둥글둥글 마모되기도 하고 나무뿌리가 감겨 있기도 하여 세월의 흔적이 느껴졌다. 햇볕이 비치자 너덜 위에 나무 그림자가 물결처럼 드리워 예술 작품처럼 신비로워 보였다. 커다란 바위들 사이로 작고 납작한 바위들로 계단처럼 만들어진 길이 있어 그리로 걸어갔다. 사람의 손으로 다듬은 길이라는 것을 알 수 있었다. 시선을 돌려 위쪽을 보니 달마산의 험준한 바위 봉우리가 보였다. 아, 저기서 이 바위들이 굴러 내려왔겠구나, 짐작이 되었다. 우리가 본 곳은 비교적 오래전에 생긴 너덜이고 다른 곳에도 너덜이 있다고 하는데, 새로 생긴 너덜은 바위가 날카롭게 깎인 면들이 보인다고 한다.

너덜 때문인지, 특이한 이름의 나무들 때문인지 모르겠지만 달마고도가 참 마음에 들었다. 이곳이 바로 한국의 산티아고 길, 오래된 수행자의 길이 아닌가 싶었다. 돌길을 걸을 때는 발밑에 집중하여 한 발자국 한 발자국 조심스레 걷게 된다. 수행의 의미가 이런 것일까? 18킬로미터를 완주하지는 못했지만 이렇게 조금이라도 걸어 본 것이 기뻤다.

비단 모래 바닷가, 완도의 명사십리

남도는 산도 아름답지만 바다도 끝내주게 아름답다. 땅끝이기 때문에 당연히 바다로 둘러싸여 있고 유명한 해변이 많지만, 그중에서도 오랫동안 명성을 떨친 해변은 완도의 명사십리다.

아름다운 명사십리는 이름은 익히 들어 봤지만, 그동안 멀기도 하고 교통도 불편해서 아예 올 생각을 못 했었다. 이제는 완도대교와 신지대교라는 다리가 생겨 차로 편하게 갈 수 있다. 해변은 이름 그대로 비단처럼 고운 모래사장이 10리(약 3.9킬로미터)에 걸쳐 펼쳐져 있다. 세계 어디에 내놓아도 이보다 더 아름답고 고운 모래사장은 없을 것 같았다. 또 다도해답게 바다가 섬들로 둘러싸여 있어 포근한 어머니의 품 같았다. 해변 입구의 소나무밭도 멋졌다. 오래되고 구부러져 머리에 닿을 듯 늘어진 소나무 가지들이 멋스러움을 더했고 그늘도 만들어 주었다.

땅끝마을에서 도솔암으로 가는 길 중간쯤에 있는 대죽리에는 모세의 기적처럼 바다에 길이 열리는 '신비의 바닷길'이 있다. 진도의 '신비의 바닷길'은 이미 잘 알려져 있어 많은 사람들이 찾고 있지만 이곳은 모르는 이가 아직 많다. 오전에 대죽리를 지날 때에는 바다에 두 개의 섬이 고립되어 있는 것을 보았

는데 오후에 지날 때에는 바다 가운데로 그 두 섬까지 길이 나 있었다! 믿을 수 없을 만큼 신비로웠다. 시간이 있다면 그 길도 걸어 보고 싶었다. 겨울에는 두 섬 사이로 해 지는 모습도 볼 수 있다니 더욱 기대된다.

2장

엑상프로방스, 눈부신 태양과 파란 하늘

걸어 다닐 수 있어서 좋은 엑스

나는 2014년부터 5년간 봄여름에는 엑상프로방스에 갔다. 남편과 함께였다. 2014년만 해도 마르세유 Marseille 공항에서 엑스로 가는 길은 고속도로지만 2차선이라 좁고 급격한 커브가 많았다. 지금은 4차선으로 확장되어 있다.

고속도로에 올라타면서부터 길 양쪽으로 나지막한 구릉이 연이어 나타났다. 군데군데 붉은 흙더미 같은 것이 보였다. 그것이 '오크레'라고 부르는 붉은 황토라는 사실은 나중에 알았다. 3월 말에는 아직 겨울 같은 분위기로 초록색이 거의 보이지 않았다. 곧 주변이 어둑어둑해서 뭐가 뭔지 알아볼 수 없었다. 여러 해 동안 같은 길을 지나다녔는데, 낮에는 마르세유의 커브 길에서 푸른 바다가 나타났다 사라졌다 했고, 엑스 근처에 이르면 하얀 생트빅투아르산이 보였다. 우리는 호텔에 들어가자마자 피곤해서 짐도 못 풀고 그대로 뻗었다.

다음 날 아침, 눈을 뜨자 창가로 가서 밖을 내다보았다. 호텔 높이와 비슷한 5층짜리 건물들이 촘촘히 서 있고 건물 위로 자그마한 주황색 굴뚝들이 세워져 있었다. 형용하기 어려울 정도로 맑고 파란 하늘과 눈부신 태양 아래 저 멀리 생트빅투아르산이 서 있었다. 마술 같은 풍경을 품은 프로방스, 바로 그곳에 내가 있었다!

보름 이상을 호텔에서 지내다가 우리는 아파트로 이사했다. 엑스의 아파트는 1년 전에 예약하지 않으면 구하기 어렵다고 한다. 파리도 집을 구하기 어려운데 거기는 집값이 비싸서 형편에 맞는 집을 찾기 어려운 것이고, 엑스는 집 자체가 많지 않아서 그렇다는 것이다. 1월에 부탁했는데도 못 구해서 4월 중순에야 들어갈 수 있었다. 마침 엑스에 왔다가 떠나게 된 일본인 교수가 있어서 그 아파트를 우리가 쓰기로 했다.

아파트 외벽은 옅은 황토색으로 엑스의 건물들은 대부분 이 색깔이다. 시청도, 도서관도, 미라보 거리의 건물들도, 생소뵈르 성당도 모두 같은 색이다. 문득 이 색이 우리의 옛 초가지붕과 비슷한 색이라는 느낌이 들었다. 재질은 다르지만 비슷한 색채인데, 이런 느낌 때문에 엑스가 더 편안하게 다가온 것인지도 모르겠다.

우리가 살게 된 아파트는 구시가지 한복판의 메잔느 거리에 있어서 그곳의 최대 번화가인 미라보 광장까지 아주 가까웠다. 근처에 시청, 도서관, 우체국, 성당 등이 자리하고, 카페와 식당, 쇼핑가가 몰려 있어 사람도 많고 구경거리도 많았다. 특히 시내 어디든 걸어서 다닐 수 있어 참 좋았다. 아침 시장이나 슈퍼, 빵집에도, 공원에도, 시내 남쪽에 있는 엑스-마르세유 대학도, 프랑스어를 배우는 알리앙스 프랑세즈도 다 걸어서 다닐 수 있었다. 마치 어릴 때 살던 경북 선산 시골집이나 안동처럼 차나 대중교통을 이용하지 않아도 마음대로 갈 수 있었다. 차를 안 타고 걸어서 다닌다는 것 자체가 큰 축복이었다.

우리가 얻은 집은 2층이었는데 우리나라로 보면 3층이다. 지상층인 0층은 상점이고 옆에 난 작은 문으로 들어가면 나선형으로 된 계단이 보인다. 이 계단을 구불구불 올라가면 왼쪽에 하나, 오른쪽에 하나, 그렇게 아파트가 배치되어 있다. 환한 밖에 있다가 들어가서 입구의 문을 닫으면 갑자기 어두운 느낌이 들었다.

아파트 주인은 벨기에 브뤼셀에 사는 50대 정도의 여자분인데 영어를 아주 잘하고 지적으로 보였다. 인사를 마친 후 주인은 주의사항을 늘어놓았다.

"이 아파트는 저도 가끔 묵으니 조심해서 사용해 주세요. 특히 현관 열쇠를 잃어버리면 큰일 나요."

현관 열쇠는 보통 열쇠와 달리 문 맨 아래에서 위까지 동시에 다 잠기는 특수 잠금 장치였다. 그래서 열 때나 잠글 때나 두 번씩 돌려야 하고 열쇠를 잃어버리면 장치를 전부 바꿔야 하기 때문에 비용이 많이 든다고 절대로 잃어버리지 말라고 신신당부했다.

현관문을 열면 바로 거실 겸 부엌이 있고, 부엌 가까운 구석에는 식탁보를 두른 타원형 식탁이 놓여 있었다. 거실에는 커다란 벽난로가 있고, 벽에는 볼록하게 소녀와 나무 그림이 그려져 있어서 꽤 분위기가 좋았다. 탁자와 소파 맞은편에는 작은 흑백 텔레비전이 있었다. 소파 옆 작은 탁자에는 전화기가 놓여 있고, 그 옆으로 장식용인 듯 특이한 스탠드가 서 있었다. 주인이 다시 말했다.

"스탠드는 비싼 것이니 깨지지 않도록 조심하세요."

창가에서는 바로 아래 길이 내려다보였다. 창가 베란다에 예쁜 꽃이 심어진 화분이 놓여 있었는데 자세히 보니 조화였다. 이 정도면 거실은 꽤 훌륭했다.

왼쪽으로 들어가니 작은 부엌이 나왔다. 전기레인지가 있고 싱크대 옆에는 설거지한 접시를 말릴 건조대도 있었다. 머리 위 서랍장에는 각종 접시와 유리잔들이 있고, 싱크대 옆 서랍에는 포크, 스푼, 칼 등이, 아래 서랍장에는 크고 작은 냄비와 프라이팬이 있었다. 부엌 맞은편에는 좁은 샤워장이, 다른 쪽에는 세탁기와 건조기가 있었다. 공간이 좁아서 세탁기 위에 건조기가 올려져 있었다. 오밀조밀하게 있을 것은 다 있었다.

거기서 더 들어가니 침실이 나왔다. 침실은 어둡고 좁았다. 정면에 좁은 책상이 있고 그 위에 꽃 그림을 걸었다. 침실 오른쪽 구석에 이층침대가 있었다. 이층으로 올라가는 사다리는 몹시 가팔라 보였다. 이 아파트를 쓰던 일본인 교수가 "둘이 쓰기에는 좁은데…"라고 말했던 이유를 알 것 같았다. 하지만 나는 좁아도 좋았다. 어쩌면 좁아서 더 좋았다. 옛날 어릴 때 살던 집도 참 좁았다.

집주인이 떠나자 우리는 아파트를 지내기 편하게 재배치했다. 거실의 타원형 식탁은 남편이 책상으로 쓰기로 하고, 나는 침실의 작은 책상을 거실로 가지고 나왔다. 서울에서 가져온 작은 전기밥솥은 식탁 한구석에 놓아 두고, 멸치볶음, 깻잎, 고추장볶음, 된장 등 밑반찬은 냉장고에 넣었다. 냉장고에 주인이 환영 인사로 넣어 둔 로제 와인이 있어서 그것부터 한잔했다. 로제 와인은 연한 핑크색으로 주로 봄여름에 마시는 시원한 와인인데 엑스에 다니면서 우리도 좋아하게 되었다.

우리가 아파트로 이사한 다음 날 세월호 참사가 일어났다. 집주인이 뜻하지 않게 이메일을 보내왔다.

"세월호 침몰로 많은 학생이 희생되어서 안타깝네요. 위로의 마음을 보냅니다."

집주인이 냉철해 보여도 마음은 따뜻한 사람인 것 같았다.

기하학적 모양의 가로수

해남에서는 유선관과 대흥사의 연리근이 유명하다면 엑스

에서는 기하학적 모양의 가로수가 인상적이다. 특히 아직 잎을 못 틔운 가로수들의 기하학적 형상은 이색적이기까지 하다. 대부분이 하늘을 향해 ㅅ자를 뒤집은 모양으로 서 있다. 프랑스에서는 이런 식으로 겨울나기 하는 가로수들의 가지를 치는 모양이다. 미라보 거리의 가로수도, 카르카손 운동장 가는 길의 가로수도, 학교 가는 길에 있는 주르당 공원의 나무들도, 엑스-마르세유 대학의 나무들도 마찬가지다.

나는 특이하게 가지치기를 한 기하학적 모양의 가로수가 인상에 깊이 남았다. 길거리를 걸을 때는 스쳐 지나가지만 카페에 앉아 있을 때나 쉴 때에는 그 나무들이 무척 아름다워 보였다. 특히 기억나는 것은 엑스-마르세유 대학 경제학 연구소 건물 앞의 나무들이다. 천장이 높고 아래위로 긴 아치형 유리창이 옛날 건물의 위용을 보이는데, 바로 그 앞에 이 기하학적 모양의 플라타너스 가로수가 두 줄로 정렬해 있다. 나뭇잎이 아직 나지 않았을 때, 나뭇잎이 나기 시작했을 때, 나뭇잎이 많이 나왔을 때 시시각각 달라지는 모습이 아름다웠다. 나는 점심을 먹은 후에 경제학 연구소의 계단에 걸터앉아 드높은 파란 하늘과 이 나무들을 바라보며 커피 한잔하는 시간이 너무나 즐거웠다. 내가 프로방스에 있음을 느끼게 해 주는 시간이었다.

학교 가는 길에 있는 주르당 공원의 한쪽 구석에 줄지어 선

나무들도 마음에 들었다. 주르당 공원에 처음 갔을 때는 이른 봄이라 아직 나뭇잎이 나오지 않았는데, 다른 나무들보다 늦게 잎이 돋는 한 나무가 유난히 마음이 쓰였다. 그 공원에는 핑크색 봄꽃들이 핀 나무들도 있고 프로방스 지방에 유명한 사이프러스도 있고 석류나무도 있었지만, 보통의 플라타너스와는 좀 다르게 생긴 이 나무는 잎이 유독 늦게 나오는 바람에 내 마음을 기다림에 떨게 했다. 가끔 그곳에서 넓은 잔디밭에 앉아 도란도란 이야기 나누는 사람들을 바라보면 여기가 천국이 아닌가 싶었다.

2014년 겨울 울리히 벡Ulrich Beck 교수와 학술 워크숍에 참여하기 위해 파리에 갔을 때 보았던 뤽상부르 공원의 나무들이 떠올랐다. 키 큰 사철나무들을 머리 깎듯이 직육면체꼴로 만들어서 마치 진초록 벽을 세워 놓은 것 같았다. 또 2005년 겨울에 제네바 인권회의에 갔다가 들렀던 알프스 산맥 근처의 안시라는 프랑스 남부 도시에서도 이런 기하학적 모양의 가로수를 본 기억이 났다. 잎새가 하나도 없는 가로수들이 하늘을 향해 넓은 U자를 만든 채 눈을 이고 일렬로 선 모습이 강렬한 인상으로 남아 있다. 더 오래전인 1997년경 베르사유 궁전에 갔을 때 보았던 인공적인 모양의 정원과 길고 뾰족한 삼각형 모양의 나무들도 생각났다.

프랑스에서는 일부러 이런 기하학적 형상을 만드는 것 같다. 여기에도 프랑스 나름의 미학과 철학이 작동하는 것일까? 자연스러움을 강조하는 영국 정원과는 정말 대조적이다.

오래전에 독일 빌레펠트 대학에 1년간 머물 때 여름 두 달은 영국 옥스퍼드 대학에서 보냈다. 그때 내가 있던 숙소에서 소속된 칼리지에 가려면 넓고 긴 정원을 가로질러 가야 했다. 풀밭에 드문드문 커다란 나무가 있는 그 정원을 걸어가는 일은 힘들면서도 즐거운 경험이었다. 마치 제인 오스틴Jane Austen 원작 〈오만과 편견〉 영화의 한 장면 같았다. 뮌헨에 있는 영국 정원도 넓은 잔디밭, 드문드문 서 있는 커다란 나무들, 넓은 호수, 나무가 우거진 구불구불한 호숫길 등 자연스러움이 돋보였다. 파리에 머물 때 자주 가던 뤽상부르 공원 안에도 한쪽 구석에 영국 정원이 있었는데, 세모, 네모 등으로 각지게 깎아 놓은 나무들만 보다가 자연스러운 영국 정원을 보면 숨통이 트이는 느낌이었다.

기하학적으로 깎아 놓은 프랑스의 나무들은 고통스러워 보이기도 하지만 나름대로 미학이 있는 것 같다. 이런 모양이 사람들의 상상력을 자극하는 것만은 틀림없다.

미라보 카페의 단골이 되다

엑스의 중심인 미라보 거리에는 노천카페가 끝없이 이어져 있다. 카페에 앉으면 우선 커피부터 주문한다. 차 종류가 없는 것은 아니지만 주로 커피를 마신다. 폴 세잔, 에밀 졸라가 단골로 다녔고 알베르 카뮈가 교통사고로 죽기 하루 전에 들러 커피를 마셨다는 '레 되 가르송 les Deux Garçons' 카페가 녹색 차양을 달고 있고, 우리가 날마다 일과처럼 찾던 '그리용 Grillon' 카페도 그곳에 있다. 우리는 언제부터인가 오후만 되면 그리용 카페에 나가 햇볕을 쬐면서 커피를 한잔씩 하며 여유를 즐겼다.

첫해에는 집 근처 리셸므 광장에서 커피를 마셨는데, 두 번

째 해부터는 미라보 거리에서 처음 만나는 카페인 그리용에 자리를 잡았다. 엑스-마르세유 대학에 갔다 올 때도, 어학원인 알리앙스 프랑세즈에 갔다 올 때도 이 길을 지났다. 그러다 보니 자연히 지나는 길에 만나는 카페에 앉게 된 것이다. 카페 앞 거리에는 이끼가 잔뜩 낀 뚱뚱한 '이끼 분수(온수 분수)'가 비스듬하게 보이고 큰길 건너편으로는 프랑스식 좁은 굴뚝이 있는 2, 3층 건물들이 보였다.

서울에서는 커피 대신 차를 주로 마셨다. 커피를 마시면 저녁에 잠을 못 자기 때문이었다. 나는 평소에 잠을 잘 못 자서 찌뿌둥한 상태로 하루를 보낼 때가 많았다. 소화도 잘 안 되고 잠도 잘 못 자니 얼굴이 붓고 그게 지속되다 보니 아예 그 부은 얼굴이 내 얼굴이 되었다. 잠자리가 바뀌면 잠을 잘 못 자는 편인데 심지어 잠을 못 자서 나중에 이상운동증후근이라는 희귀질환에 걸리기도 했다. 그런데 엑스에서는 신기하게도 커피를 마셔도 잠을 잘 잤다. 엑스의 햇볕 때문일까? 많이 걸어서일까? 이곳에 와서 모든 걱정거리를 잊어서 그런 걸까? 어떤 장소에 가면 다른 장소의 일거리와 걱정거리가 저 멀리 물러가는 느낌을 받을 때가 있다. 엑스는 나에게 잠을 잘 자도록 마음의 평화를 주는 곳이었다. 그래서 엑스를 더 좋아하게 되었는지도 모르겠다.

날마다 커피를 마시러 나갔다. 어느새 종업원도 내 얼굴과 커피 취향까지 알아보는 단골이 되었다. 그 카페에서 자리를 차지하고 왔다 갔다 하는 사람들을 구경하노라면 시간 가는 줄 몰랐다. 해변에 혼자 앉아 있으면 30분만 지나도 지겨울 것 같은데 카페에서는 몇 시간을 앉아 있어도 좋았다. 젊은 청년, 예쁜 소녀, 분수에서 물장난하는 아이, 나이 든 부부, 유모차에 아기를 싣고 나온 젊은 엄마, 정다워 보이는 젊은 연인…. 그림 같은 하늘 아래 휴가처럼 나를 다 내려놓고 하는 사람 구경이라니!

엑스의 뒷산 생트빅투아르

생트빅투아르산은 나무가 없는 하얀 돌산으로 세잔이 20년 동안 80여 번이나 그렸다고 하는 유명한 산이다. 이 산이 엑스를 대표한다고 해도 과언이 아니다. 마르세유에 다녀올 때마다 엑스로 들어오는 길목에서 이 하얀 돌산이 보이면 "이제 집에 왔구나." 하는 생각이 들곤 했다. 뉴욕 컬럼비아 대학에 안식년으로 가 있을 때에도 여행을 갔다가 돌아올 때 조지 워싱턴 다리를 보면 이제 집에 왔구나 하며 안도했던 기억이 난다.

한양대 제자인 최철웅 부부가 렌트카를 빌려서 우리 엑스 집을 방문했다. 생트빅투아르산은 늘 가고 싶었지만 차가 없어 그동안 가지 못했었다. 제자 부부는 당시 아랍에미리트UAE에 살고 있었는데 독일의 친척집에 가는 길에 프랑스를 여행하러 왔다고 했다. 최철웅은 학부 때부터 남다르게 총명한 인상으로 기억이 뚜렷이 남아 있고 졸업 후에도 인연이 닿아 내가 유일하게 결혼식 주례까지 해 준 제자다. 그의 부인 임소향 씨는 여성으로는 드문 신경외과 의사로 서울대병원이 수탁 운영하는 셰이크칼리파 병원에 근무하고 있었다. 그들은 우리를 아랍에미리트의 집에 초대하여 융숭하게 대접하고 두바이 구경도 시켜 주었다. 나는 그들을 엑스에 초대해 반갑게 맞이했다.

자동차를 타고 톨로네 마을을 지나 키 큰 플라타너스가 양쪽에 늘어선 멋진 가로수길을 지나니 왼쪽으로 생트빅투아르 산이 나타나기 시작했다. 앞으로는 올리브밭이, 뒤로는 웅장한 산이 펼쳐졌다. 잠시 차를 세우고 멋진 풍경을 넋을 놓고 바라보았다. 그 뒤로는 산으로 올라가는 길이었다. 구불구불 굽은 길을 따라 서서히 산중턱을 올라가기 시작했다. 힘든 오르막길을 자전거를 타고 허리를 잔뜩 굽힌 채 올라가는 사람들의 모습이 보이기도 했다.

몇 굽이를 돌았을까? 앞에 주차장이 나타났다. 드 에귀유 Deux Aiguilles. 에귀유는 프랑스어로 '바늘'이란 뜻이니 뾰족한 산봉우리를 뜻하는 것이 아닐까 싶다. 스위스 샤모니 쪽의 알프스산에 갔을 때 그곳 산봉우리 이름도 에귀유였던 것이 기억난다. 주차장에 차를 세우고 산을 쳐다보니 엑스에서 보던 모습과 많이 달랐다. 평소 보던 산은 세모 모양이었는데, 실제로 와서 보니 돌산이 기다랗게 이어진 산맥 형태였다. 산세가 웅장하고 강렬했다. 중턱 위로는 나무 하나 없이 돌만 있는 암벽 산을 이루고 있었다. 그 위용이 대단했다.

건너편 산 입구로 들어가니 돌에 조그맣게 안내 표지가 있었다. 세 가지 코스가 있는데, 첫 번째는 오피덤Oppidum(요새 도시) 코스로 '쉬움', 두 번째는 암벽 등반, 세 번째는 '어려움'이었다. 처음 갔을 때는 그냥 쳐다만 보고 돌아왔고, 두 번째 가서

는 아침 산기운을 받으려고 작정하고 새벽 6시 반에 출발해서 중턱까지 올라갔다. 우리는 세 코스 중 가장 쉬운 코스를 택했다. 그러나 그 길도 결코 만만치 않았다. 경사가 가파르고 자갈들이 많아서 잘 미끄러지고 나뭇가지라도 붙잡지 않으면 올라가기 어려웠다. 생트빅투아르산에 오르는 일은 대흥사의 일지암 올라가는 것만큼 힘들었다. 그것도 아주 조금 올라갔는데 말이다.

 중간 지점까지 올라가니 풀이 있는 비교적 평평한 곳이 나왔고 그 위로는 돌산이라 더 이상 올라가기 어려웠다. 높은 곳이라 풍경도 다르게 보였다. 맞은편 먼 산들이 한눈에 내려다

보였고 속이 툭 트이는 듯했다. 산등성이가 물결치면서 마치 동양화를 그려 놓은 듯 아스라하게 보였다. 가파른 돌산은 더욱 높아 보였다. 7시 반쯤 되니 아침 해를 가로막고 있던 돌산 위로 해가 떠오르기 시작했다. 햇살이 조금씩 퍼지면서 어두웠던 산 중턱이 환해지고 그늘 속에 있던 암벽 산도 하얗게 빛나기 시작했다. 멋지고 신비로운 광경이었다. 가슴속에 벅찬 감동이 일었다.

이렇게 산에 오르니, 처음 엑스에 왔을 때 생트빅투아르산을 가까이에서 보고 싶어서 어느 일요일 무작정 톨로네 마을 쪽으로 걸었던 기억이 떠올랐다. 지도 하나 들고 계속 걷다 보면 산이 나오리라 생각했다. 길이 좁은 자동찻길이었는데 가운데 차선도 없고 갓길도 없이서 차가 오면 피하기 어려웠다. 그렇게 걷기 힘든 길을 한 시간가량 걸었다. 마침내 고개를 넘어 생트빅투아르산이 보였을 때의 감격이란! 이제 이렇게 산 중턱까지 올라오니 감개가 무량했다.

제자 부부와 다녀온 뒤에도 이 산이 보고 싶어서 버스를 타고 간 적이 있다. 엑스-마르세유 대학 연구자 숙소에 있던 2016년이었다. 숙소 옆방에 살던 일본인 교수 부부와 함께 버스를 타고 생트빅투아르산에 다녀오기로 하고 길을 나섰다. 관광안내소에 가서 물어보니 두 개의 버스 노선이 있다고 했다.

130번은 비몽 호수 쪽으로 가는 완만한 코스로 하이킹을 할 수 있는데, 가는 데 두 시간, 오는 데 두 시간, 왕복 네 시간이 걸린다고 했다. 이 길은 전에 갔다가 길을 잘못 찾아 실패했던 곳이다. 110번도 있는데 경사가 급한 쪽이라 하이킹은 못 하지만 경치가 멋져서 쳐다보기에 좋다고 했다. 우리는 110번을 타기로 했다.

아침 8시에 집을 나서 버스터미널에 갔다. 21번 플랫폼에서 버스를 타라고 했는데 플랫폼이 20번까지밖에 없었다. 당황해서 쩔쩔매고 있는데 지나가던 프랑스 사람이 손으로 멀리 건너편을 가리켰다. 허겁지겁 한참을 달려서 길을 건너니 마침 110번 버스가 들어왔다. 21번 이후의 플랫폼은 다른 곳에 있었던 것이다. 무사히 버스를 타고 가면서 보니 제자와 함께 자동차로 갔던 길과 같았다.

생트빅투아르 하우스Maison Sainte-Victoire에 내려서 산 쪽으로 들어갔으나 도저히 길을 찾을 수 없었다. 다시 큰길로 나와 지난번의 드 에귀유 주차장을 찾아 거기에서 올라갔다. 이번에는 오피덤 코스 말고 두 번째 코스인 암벽 등반 코스로 갔다. 의외로 평탄한 길이었다. 물론 암벽 등반이 시작되기 전까지만. 다시 내려와서 돌로 된 테이블에 앉아 간식을 먹으면서 쉬었다.

버스 시간표에 10시 19분에 돌아가는 버스가 있다고 하여 30분 전부터 길에 나와 기다렸는데, 기다려도 기다려도 버스가 오지 않았다. 기다리는 동안 그 길로 자전거를 탄 사람들이 많이 올라왔다. 낑낑거리며 힘들어 하는 모습이 멀리서도 다 보였다. 정말 의지가 대단한 분들이었다! 결국 한 시간 반을 기다려 11시 19분 버스를 타고 돌아왔다. 그렇게 고생을 했는데도 생트빅투아르산에 또 가고 싶었다. 그만큼 매력적인 산이었다.

풍덩 빠지고 싶은 카시스

카시스Cassis는 전형적인 프로방스의 어촌이자 항구인데, 칼랑크Calanques로 유명하다. 칼랑크는 바위로 둘러싸인 좁고 긴 물 어귀라는 뜻으로, 마르세유부터 카시스까지 길게 이어져 남프랑스 특유의 독특한 바다 풍경을 보여 준다. 300미터 이상의 높은 절벽과 만이 교차하고, 절벽 아래에는 아름다운 해변이 숨어 있다. 푸른 바다와 석회암 절벽, 울퉁불퉁한 바위, 그리고 향기로운 식물들로 둘러싸인 아름다운 트레킹 코스이기도 하다. 카시스를 두고 "파리를 보았어도 카시스를 못 보았다면 프랑스를 못 본 것이다."라는 말이 있을 정도이다.

우리는 카시스에 있는 칼랑크 국립공원을 보기 위해 투어버스를 탔다. 버스는 맨 먼저 카시스의 절벽 꼭대기에 데려다주었다. 카나유 곶Cap Canaille으로 유럽에서 세 번째로 높은 절벽(해발 394미터)이다. 멀리 어슴푸레 바다와 섬들이 보이고 바로 아래에는 발톱처럼 날카로운 절벽 사이로 '아주르빛azure(남빛)' 바다가 내려다보였다. 아찔하게 아름다웠고 절경 중에 절경이었다. 절벽에는 로프에 매달려 등반하는 사람들도 보였다. 많은 사람들이 그 끝에 서서 내려다보고 사진을 찍는데 고소공포증이 있는 나는 가까이 가기도 힘들었다.

꼭대기에 오르는 길, 꾸불꾸불한 산길을 돌고 돌아 항구로 내려오는 길, 모두 기가 막혔다. 좁은 도로 끝에 파란 바다가 잠깐씩 보였다 사라지는데 그렇게 아름다울 수가 없었다. 바닷가에 내리자 한쪽은 절벽, 다른 쪽은 넓게 바다가 펼쳐졌고 모래사장은 눈부시게 빛났다. 함께 간 아들 내외와 손주들은 수영복으로 갈아입고 바닷물에 뛰어들었다. 남편과 나는 모래사장 위에 나무 데크를 댄 카페에서 차를 마셨다.

우리는 칼랑크를 가까운 곳에서 보기 위해 유람선을 탔다. 칼랑크마다 절벽 위쪽에는 소나무가 빼곡했고, 좁고 긴 만 안쪽으로 들어가면 모래사장이 펼쳐졌다. 거기에는 하얀 바위 아래서 수영을 하고 카약을 타고 햇빛을 즐기는 사람들이 가득했다. 작은 요트들도 즐비했다. 남빛 바다는 차원이 다른 푸른색으로, 햇빛과 공기에 따라 색깔이 다르게 보였다. 평화롭고 아름다웠다.

2부

오래된 위로와 평화, 사찰과 성당

사람 사는 곳에는 늘 종교가 있어 왔다. 비록 그 모습이 사찰과 성당으로 동서양에서 다르게 나타났지만. 종교 시설이 어떻게 그 오랜 세월을 버텨 왔을까 생각하면 신기하면서도 당연하게 여겨진다. 어려움에 부딪친 사람들에게 위로와 안식과 평화를 주기 때문에 유지될 수 있었을 것이다.

2부에서는 남도와 프로방스의 사찰과 성당을 만나 본다. 남도의 대흥사, 미황사, 백련사, 무위사, 그리고 프로방스의 아비뇽 교황청, 산꼭대기에 있는 무스티에 생마리 성당, 바닷가에 있는 생마리 드라메르 성당 등이다. 하나같이 오랜 역사를 자랑하는 곳들이다.

1장

마음을 비우고 다시 채우는
남도의 사찰

대흥사에서 옛 친구들을 생각하다

유선관에서 기분 좋게 스파를 마치고 대흥사에 올라갔다. 유선관을 나서서 절 쪽으로 향하면 큰 계곡이 있어서 계곡 위 다리를 건너야 했다. 다리 이름은 피안교彼岸橋, 혼란한 속세를 벗어나 고요한 깨달음과 열반의 세계로 들어가는 다리라는 뜻이다. 다리를 건너니 다른 세상으로 간다는 느낌이 들었다. 그래서 밤에 산책할 때는 왠지 이 다리를 건너기가 무서웠다.

계곡을 따라 대흥사로 올라가는 길이 이어지는데 해남문학회에서 '두륜산 대흥사' 여섯 글자로 지은 6행시들을 줄줄이 걸어 놓았다. "**두**고 보라 대흥사는 기필코/ **윤**기가 나듯 맑고에 빛이 나/ **산**사로는 대흥사가 제일이라/ **대**대로 있는 천년고찰 대흥사/ **흥**망성쇠를 보듬는 큰 절을/ **사**람들은 대흥사를 꼽는다."(해남문학회 김금수) "**두**둥실 뜬구름은/ **윤**회 세상 훔쳐보며/ **산** 위를 떠도는데/ **대**지에 인간 고뇌/ **흥**얼거린 희로애락/ **사**는 것 일장춘몽."(해남문학회 양치중) 첫 글자와 6행을 따르지 않은 시도 있었다. "**두륜산 대흥사** 거쳐/ 일지암에 닿으면/ 초의 선사가 내어 준 차 한 잔/ 그윽하게 입안에 맴도는 차향이/ 마음 녹여 준 따스함/ 인생의 구름 한 점/ 가슴 위에 띄워 준다."(해남문학회 박종욱) 나는 세 번째 시가 가장 마음에 들었다. 나중에 일지암에 가 보니 이 시가 주는 의미가 더욱 와닿았다.

한참을 걸어야 비로소 대흥사 일주문이 나온다. 이곳을 지나도 곧장 대흥사 경내에 이르는 것은 아니다. 다시 한참을 걸으니 부도밭이 나타났다. 부도浮屠는 스님들의 사리를 모신 탑이다. 부도의 어원은 붓다Buddha라고 하니 부처 그 자체를 가리키는 것이기도 하다. 돌담으로 만들어진 낮은 울타리 안에 크고 작은 부도들이 보였다. 역사 깊은 대흥사와 인연이 닿은 훌륭한 스님들이 이렇게나 많았던 모양이다. 임진왜란 때 의병을 일으켰던 서산 대사의 부도도 이곳에 있다고 한다.

다시 계곡을 지나니 '두륜산 대흥사' 현판이 걸린 해탈문에 이르렀다. 대흥사 해탈문에서는 무서운 사천왕 대신 귀여운 문수동자와 보현동자가 우리를 맞이했다.

해탈문을 지나면 대흥사 앞마당에 들어서게 된다. 높이 솟은 두륜산이 대흥사 뒤쪽으로 병풍처럼 서 있었다. 순간 속이 툭 터지면서 시원한 해방감이 솟아올랐다. 주변과 하나가 된 것 같은 기분이었다. 두륜산이 높기는 해도 능선이 부드러운 곡선이라 따뜻한 느낌을 주었다. 대흥사 앞마당 왼쪽으로는 연한 분홍빛 벚꽃들이 아직 피어 있고 정면에는 사찰 건물들이 열을 지어 오른쪽까지 이어졌다. 새로 짓고 있는 커다란 건물도 보였다.

"아, 포근하네. 꿈만 같아."

나는 휴대폰을 꺼내 동영상을 찍었다. 왼쪽에서 오른쪽으로 천천히 돌렸다. 일순간 나는 모든 것을 잊어버렸다. 내게 중요한 것은 아무것도 없는 것처럼 무아지경에 빠졌다. 그 영상에 어떤 음악을 넣을까 생각하니 금방 떠오르는 노래가 있었다. 바로 김광석의 〈먼지가 되어〉라는 노래였다. 먼지가 되어 버린 느낌, 내가 너무 보잘것없는 사람이라는 생각이 스쳤다.

40여 년 전에 대흥사에 왔던 기억이 있다. 지금은 벚꽃과 홍매가 만발했지만 그때는 겨울이라 눈에 덮여 있었다. 눈 덮인 대흥사를 다른 교수들과 함께 여유롭게 거닐었다. 그때 나는 유학 후 막 귀국해서 혼자 광주에 살며 학생들을 가르치고 있었다. 남편은 독일에, 애들은 서울 부모님 댁에 있었다. 낯선 곳에 올로 떨어진 나에게 그분들은 가족이 생각나지 않을 정도로 무척 친절하고 다정하게 대해 주었다. 30여 년간의 교수 생활 동안 그분들만큼 가깝고 친밀하게 느낀 분들은 없었던 것 같다. 나중에는 대부분 다른 대학으로 뿔뿔이 흩어졌고 세상을 떠난 분도 있다. 그때 나는 어떤 마음이었을까? 막 교수 생활을 시작해서 천방지축 즐겁기만 한 철부지 아니었을까? 지금 되돌아보니 그때가 참 행복한 시절이었다.

정신을 차리고 다시 주변을 둘러보니 대흥사는 가람 배치가 예상과 너무 달랐다. 보통 사찰에 와서 해탈문을 들어서면 마당이 나오고 정면에 대웅전이 있는데, 대흥사는 길이 왼쪽 오른쪽 두 갈래로 갈라지면서 어디로 가야 대웅전이 나올지 궁금하게 만들었다. 안내판이 서 있었다. 우선 왼쪽으로 갔다. 대웅전이 그쪽이라고 했다.

대웅전이 있는 북원 쪽으로 올라가는 길 언덕에서 커다랗고 오래된 연리근 나무를 보았다. 이 나무는 대흥사에서 아주 유명하다. 어찌나 크고 잘생겼는지 감탄이 나왔다. 두 가지가 합쳐져 하나가 된 나무는 연리지, 두 줄기가 합쳐져 하나가 된 나무는 연리목, 두 뿌리가 합쳐져 하나가 된 나무는 연리근이라고 한다. 서로 다른 둘이 합친 모양이라 '사랑나무'라고도 한단다.

왼쪽으로 냇물이 흐르는 작은 다리와 계곡을 베고 누웠다는 뜻의 침계루를 지나 북원 안마당에 들어서자 대웅보전이 나왔다. 안에 들어가서 절을 했다. 두 팔을 크게 올려 두 손바닥을 모은 다음 그대로 꿇어 앉으면서 양손으로 바닥을 짚고 머리를 땅에 조아리고 두 손바닥을 위로 들어올렸다가 일어서는 것이 1배이다. 나는 남편과 결혼하면서 가톨릭 신자가 되었지만 어머니가 불교 신자였기 때문에 절에 가면 늘 어머니를 생각하며 부처님 앞에 절을 한다. 나오면서 기와를 한 장 사서 보시했다.

대흥사는 유네스코 세계문화유산으로 지정될 만큼 귀한 유물이 많다. 대웅보전大雄寶殿의 현판 글씨는 원교 이광사가 쓴 글씨라고 한다. 추사체라는 최고의 글씨를 만들어 낸 추사 김정희가 제주도로 귀양 가는 길에 대흥사에 들렀을 때 이 글씨를 보고 마음에 들지 않았는지 떼라고 했는데, 돌아오는 길에 들러서 다시 붙이라고 했다는 바로 그 글씨이다. 추사처럼 독특한 서체는 아니지만 어딘가 부드럽고 정감이 있어서 오래 두고 보기에 좋은 글씨 같았다. 옆 건물에는 추사가 쓴 무량수각無量壽閣이라는 글씨가 걸려 있다.

이광사는 대흥사의 침계루枕溪樓 현판과 백련사의 만경루萬景樓 현판도 썼다. 그는 소론 명문가에 태어나서 시문과 서화에 뛰어났다. 소위 잘나가는 집안이었으나 영조 때 노론이 세력을 잡게 되자 권세를 잃었고 이런저런 사건에 휘말려 함경도 부령과 호남의 진도를 거쳐 23년간의 유배 생활 끝에 유배지 신지도에서 사망했다고 한다. 그의 이름이 잘 알려지지 않은 것은 이런 이유 때문인 것 같다.

승병대장 서산 대사를 모신 의외의 공간, 표충사

북원에서 나와 남원으로 와서 길을 올라가면 지팡이를 한쪽에 잡고 찻잔을 앞에 두고 앉아 있는 초의 선사(1786~1866)의 커다란 좌상이 나온다. 좌상 뒤편에는 차나무가 자라고 있다.

초의 선사는 조선 후기의 대선사大禪師로, 유학과 도교 등 학문을 두루 연구했고 정약용, 김정희 등 유학자와도 교류했으며, 무엇보다 우리나라 다도茶道를 정립한 분이다. 그래서 초의 선사를 다성茶聖이라고도 부른다. 그는 일지암에 40여 년간 머물면서 차문화를 정립했다고 알려져 있다. 일지암은 대흥사에서 1킬로미터 정도 떨어져 있는 암자인데 올라가기가 힘들다고 해서 망설여졌다.

초의 선사 좌상을 지나 왼쪽으로 가니 문과 담으로 공간을 나눈 곳이 있었다. 왜 공간을 분리해 놓았을까 궁금하게 생각하며 문을 들어섰다. 초의 선사가 세웠다는 보련각이 있고, 더 늘어가니 표충사表忠祠라는 현판이 나왔다. 표충사의 '사祠'는 대흥사의 '사寺' 자와는 다르다. 후자는 절이라는 뜻이고 전자는 사당이라는 뜻이다. 보통 사찰에는 사당을 세우지 않는데 대흥사는 예외였다. 표충사는 임진왜란 때 승병을 일으켜 일본군을 크게 물리쳤던 서산 대사 휴정(1520~1604)을 기리는 사당으로, 대흥사에 휴정이 거느린 승군의 총 본영이 있었다고 한다. 사당이기 때문에 사찰 영역과 분리시켜 문과 담을 만든 모양이었다.

사당 안에는 가운데에 서산 대사의 초상이 걸려 있고 양쪽에 그의 제자 사명 대사 유정, 뇌묵당 처영의 초상이 걸려 있다. 표충사 현판은 조선 정조가 친히 쓴 것이라고 한다. 임금의 글씨가 있는 곳이라 하여 어서각御書閣이라는 편액도 걸려 있다. 옆에는 표충비각도 있다. 글씨는 알아볼 수 없지만 이 역시 서산 대사를 기리기 위한 비석이 아닌가 싶다. 정조가 8대조 위인 선조 대에 승병을 일으켜 나라를 지킨 충정을 잊지 않고 이런 사당을 세웠다니 새삼 그가 훌륭한 임금이었다는 생각이 든다.

임진왜란 때 왜군을 물리쳤던 이순신 장군은 이런 말을 했다.
"호남이 없었으면 국가도 없었다."

해남 울돌목의 우수영 관광지에는 이 말이 높은 돌비석에 의재 허백련의 글씨로 커다랗게 새겨져 있다. 이순신 장군 관련 영화가 많이 나오고 "신에게는 아직 열두 척의 배가 있사옵니다."와 같은 어록이 인기를 끌었는데, 왜 이 말은 알려지지 않았을까? 임진왜란 때 땅과 바다에서 목숨을 걸고 싸웠던 전라도의 민초들에게 새삼 존경의 마음이 들었다. 나 같은 겁쟁이는 꿈도 못 꿀 일이다.

표충사를 보니 엑스에 머물 때 들렀던 십자군의 출발지 에그모르트Aigues-Mortes가 떠올랐다. 그곳에는 당시 왕인 루이Louis 9세의 동상과 함께 십자군을 기억할 수 있는 요새가 잘 보존되어 있고 정기적으로 십자군 행진 행사를 거행한다.

대흥사는 선조 37년(1604) 서산 대사가 자신의 의발衣鉢을 이곳에 전한 후 크게 중창되었다고 한다. 그러니 대흥사에서는 서산 대사의 사당을 세워 줄 만한 이유가 충분했을 것 같다. 휴정은 대흥사에 대해 삼재三災가 들어오지 않아 오래도록 파괴됨이 없는 곳이라고 했고, 한국전쟁 당시에는 해남이 북한군에게 점령당했음에도 불구하고 이곳은 아무런 피해를 입지 않았다고 한다. 그런가 하면 광주민주화운동 때에는 해남 군민들이 광주로 떠나기 전에 이곳으로 와 잠시 휴식을 취했다고 한다.

초의, 다산, 추사, 소치가 만난 역사의 현장, 일지암

대흥사에서 마지막으로 들른 곳은 일지암이다. 처음에는 올라가기 힘들다고 하여 갈 생각을 접어 두었다. 그런데 나중에 만난 제자 복희도, 열린 찻집 명유당을 운영하는 김지우 씨도, 다른 해남 분도 이구동성으로 일지암을 이야기했다. 결국 해남 여행 마지막 날 일지암에 들르기로 했다. 초의 선사와 남도의 인재들이 교류한 의미 깊은 곳이라 마지막 날에라도 보게 된 것은 정말 다행이었다.

차로 올라갈 수 있다고 해서 차를 타고 나섰는데 도저히 길을 못 찾아 결국 주차하고 걸어서 올라갔다. 대흥사 경내에 일지암으로 올라가는 길이 있었다. 스님들이 수행 정진하고 있는 동국선원을 지나니 산길이 나왔다. '천년의 숲'답게 나무가 빽빽하게 들어섰고 공기 또한 청량했다. 옆에 계곡이 있어 맑은 물이 졸졸 흘렀다. 한참 가다 보니 길이 세 갈래로 갈라졌다. 이정표를 따라 일지암 방향으로 틀었는데 거기서부터 길이 가팔라지기 시작했다.

산길이 예상보다 훨씬 가팔라서 올라가는 데 고생을 많이 했다. 시멘트로 만들어 놓은 길인데 경사가 60도는 되어 보였고, 폭은 차 한 대가 간신히 올라갈 수 있을 정도였다. 갈지자로 왔다 갔다 꺾여 있었는데 올라가기가 여간 힘든 것이 아니었다. 올라가는 데 50여 분, 내려오는 데 40여 분 해서 다녀오는 데 한 시간 반 정도 걸렸다.

고생해서 그런지 일지암 안내판이 보이자 몹시 반가웠다. 돌계단이 가팔라서 널찍한 길로 빙빙 돌아 올라가니 커다란 기와를 얹은 건물들이 나타났고 사람의 흔적은 보이지 않았다. 다리 짧은 개 한 마리만 크게 짖으며 우리를 따라다닐 뿐이었다.

건물들로 둘러싸인 마당에 이르자 앞이 툭 트이면서 먼 산들이 둥그렇게 시야에 들어왔다. 기가 막힌 경치였다. 다리 짧은 개도 우리 옆에 와서 함께 경치를 바라보았다.

기와 올린 건물들을 지나 징검다리를 건너니 그제야 누르스

름한 볏집으로 지붕을 엮은 작은 초가집 한 채가 나왔다. 그것이 바로 일지암一枝庵이었다. 안은 들여다볼 수 없어서, 초가 주위를 한 바퀴 돌아보고 툇마루에 앉았다.

잠시 숨을 고르며 생각에 잠겼다. 모든 것이 불편했을 것 같은 그 옛날 이 산꼭대기 암자에서 40여 년을 지내다니. 대단한 정신력과 결기가 없이는 불가능할 것 같았다. 초의 선사와 당시 남도의 유명한 인재들이 교류하던 이곳의 모습도 머릿속에 그려졌다. 다산 정약용과 학문을 이야기하고, 소치 허련을 만나 그림을 가르치고, 추사 김정희와 차를 나누고, 허련을 추사에게 소개하는…. 높이 솟은 울창한 나무들로 둘러싸인 이 작고 고즈넉한 공간에서 그들은 서로 연결되어 있었다. 그 가운데 초의 선사가 있었다. 이곳이 역사의 현장이었던 셈이다. 새삼 존경의 마음이 들었다.

동백나무들이 심어진 일지암 옆길로 돌아 내려와 다시 커다란 기와 건물들을 만났다. 이 건물들 때문에 처음 마당에 들어섰을 때 일지암이 가려져 보이지 않았는데, 나중에 알고 보니 고생해서 올라온 방문객을 위해 차나 한잔 마시고 가라고 정자를 만들어 관리하는 건물이라고 했다. 이러한 공간 구성이 과연 잘한 일인지 모르겠다. 배보다 배꼽이 큰 격이다.

우리가 떠나려고 하자 다리 짧은 개가 짖으며 한참 따라오

더니 마당 끝에 멈추어 서서 배웅했다. 가지 말라고 하는 것 같았다. 인생도 견생犬生도 외로운 것 아닌가.

아름다운 동백숲길 따라, 백련사

해남에는 동백나무가 워낙 많아 해남군의 군목이자 군화로 지정되어 있을 정도이다. 동백꽃을 더 보고 싶어서 동백숲길로 유명한 만덕산 백련사를 찾아갔다. 강진 다산초당에서 멀지 않았다.

동백꽃에는 홑동백과 겹동백이 있는데 홑동백이 훨씬 예쁘다. 빨간 꽃잎에 노란 수술이 더 도드라지기 때문이다. 백련사 동백꽃은 모두 홑동백이다. 우리가 갔을 때는 아쉽게도 꽃이 거의 다 졌다. 인생은 늘 뒤늦게 허덕이며 따라가는 것임을 보여 주는 것만 같았다.

동백꽃은 나무에 달려 피어 있을 때도 예쁘지만 땅에 떨어진 모습도 너무나 아름답다. 통째로 떨어져서 그럴까? 사람도 죽음을 앞둔 모습이 아름다우면 얼마나 좋을까. 작가 김훈은 『자전거 여행』에서 여러 봄꽃들의 낙화 또는 죽음을 이야기한다. 그에 의하면 꽃이 질 때 "목련꽃은 세상에서 가장 남루하고 가장 참혹하다." 반면 "세상의 꽃 중에 동백은 떨어져 죽을 때 추접스런 꼴을 보이지 않는다. 절정에 도달한 그 꽃은 마치 백제가 무너지듯이, 절정에서 문득 추락해 버린다. 눈물처럼 후드득 떨어져 버린다."라고 썼다. 그래서 떨어진 동백꽃이 아름다운 모양이다.

동백꽃말은 '청렴, 절조, 그 누구보다 그대를 사랑합니다.'인데, 그래서 그런지 동백꽃과 관련된 사랑 이야기, 그것도 아픈 사랑 이야기가 많다. 대표적으로 주세페 베르디 Giuseppe Verdi 가 작곡한 유명한 오페라 〈라 트라비아타〉가 있다. 오페라는 소설 『춘희(동백꽃 아가씨)』를 각색한 것이며, 소설의 원작자는 『몬테크리스토 백작』을 쓴 알렉상드르 뒤마 Alexandre Dumas와 같은 이름을 가진 그의 아들이다. 파리 사교계의 꽃인 비올레타와 시골에서 온 젊은 귀족 알프레도가 사랑에 빠지는데, 비올레타는 폐결핵을 앓고 있어서 주저하지만 결국 동거를 시작한다. 돈이 궁해져서 알프레도가 돈을 구하러 나간 사이 그의 아버지 제르몽이 나타나서 헤어져 달라고 한다. 비올레타는 메모만 남기고 황급히 떠난다. 알프레도는 비올레타가 돈 때문에 떠났다고 오해를 하고 다시 만났을 때 도박에서 딴 돈을 뿌리며 비올레타를 모욕한다. 이때 아버지가 나타나 오해라고 해명한다. 둘은 다시 만나지만 비올레타는 결국 숨을 거둔다는 안타까운 사랑 이야기이다. 여기에서 알프레도의 고향은 프로방스인 것 같다. 아버지 제르몽의 노래에 "프로벤차(프로방스) 고

향의 하늘과 땅을 너는 기억하니?"라는 대목이 있는 걸 보면.

우리나라 가요에도 1960년대에 가수 이미자가 불러서 인기를 끌었던 〈동백 아가씨〉가 있다. 어느 섬마을에 부임해 온 학교 선생님과 섬 아가씨가 사랑하지만, 결국 선생님은 서울로 떠나고 여자만 사랑의 상처로 아픔을 겪는다는 내용이다. 이 두 이야기를 보면, 동백꽃은 핏빛처럼 열정적인 사랑을 가리키면서도 또한 아픈 사랑을 상징하는 것 같다.

백련사 올라가는 길 곳곳에 소원을 비는 작은 돌탑들이 있었다. 손자는 돌탑이 보이면 작은 돌을 올려놓기 시작했다. 납작한 돌을 올리면 쉬우련만 뾰족하거나 울퉁불퉁해서 올리기 어려운 돌들을 골라 올렸다. 돌이 떨어지면 소원도 물거품이 될 텐데…. 손자는 올리기 어려운 돌을 올려놓는 데서 성취감을 느끼는 것 같았다. 목표보다 과정에 집중하는 모습이 어여뻤다.

오르고 또 올라서 마침내 백련사에 도착했다. 건물 아래를 통과해 계단을 오르니 바로 백련사 마당이 펼쳐졌다. 이리저리 둘러보니 만경루가 보였다. 이곳 현판도 대흥사 대웅보전의 현판을 쓴 이광사가 썼다. 방문이 열려 있고 신발들이 놓여 있었다. 사람들이 드나들고 있기에 우리도 들어갔다. 고생하면서 올라온 신도들과 손님들을 위해 마련해 놓은 넓은 사랑방 같은 곳이다.

우리는 방 여기저기에 흩어져 다리를 뻗고 쉬면서 숨을 돌렸다. 창가에 앉으니 바람이 시원했다. 크게 난 창 밖으로 눈을 돌리니 울창한 나무들에 시선이 이끌리다가 멀리 시원한 바다에 꽂혔다. 장관에 잠시 넋을 잃었다. 이런 황홀함 때문에 산을 오르는구나! 동백꽃을 못 본 아쉬움이 씻은 듯 사라졌다.

마음을 버리며 오르는 108계단, 미황사

새벽에 유선관 스파를 다녀온 뒤 아침식사는 바나나와 사과로 대충 때웠다. 유선 카페에서 아침식사를 한 번 했는데 크루아상, 우유, 샐러드를 준비해 주었다. 그런대로 상차림도 예쁘고 맛도 있었으나 백년고택에 어울리는 한식 아침식사는 아니어서 별로 먹고 싶지 않았다.

달마산 미황사는 승가대학 교수가 된 한양대 제자 류승무가 추천해 준 절이다.

"제 생각에 가장 아름다운 절은 미황사인 것 같아요."

오래전 내가 템플스테이를 하고자 했을 때 제자는 이렇게 말했다. 그때는 정작 찾아가지 못하다가 남도에 와서야 미황사를 보기로 마음먹었다.

미황사는 신라 경덕왕 8년(749)에 창건했고 임진왜란 이후

세 차례 중건되었다고 한다. 대부분의 사찰이 산 중턱에 자리 잡고 있어서 올라가기 힘들지만 미황사는 더 힘들었다. 108계단 때문이었다. 108계단은 잘 알려져 있듯이 불교에서 말하는 백팔번뇌를 상징하는 것이다. 백팔번뇌는 인간이 가진 번뇌에 108종이 있다는 뜻으로 사실상 모든 번뇌를 의미한다. 이 백팔번뇌를 버리고 공空의 경지에 이르면 성불할 수 있다는 것이다. 계단이 시작되는 곳에 '마음 버리며 오르는 108계단'이라고 쒸어 있었다. 모든 번뇌를 버리라는 말이다. 힘든 계단이니 마음의 각오를 하라는 소리로 들려 걱정이 앞섰다. 나에게는 번뇌를 버리는 것보다 계단을 오르는 것이 더 힘들 것 같았다. "아이, 힘들어." 하면서 천천히 한 발 한 발 계단을 올랐다.

오르다 쉬다 하면서 힘들게 올라가 마당에 들어섰는데, 아름답기로 유명한 대웅보전은 아쉽게도 수리중이었다. 전각 안에 있는 여러 보물들도 볼 수 없었다. 1년에 한 번 볼 수 있다는 괘불탱은 어차피 못 본다고 해도, 대웅보전 내부의 화려한 천장, 대들보와 벽면에 이르는 천불도千佛圖, 배흘림 기둥 아래 주춧돌의 연꽃과 거북, 게 그림까지 못 보다니. 아쉬운 마음에 뒷터만 맴돌다가 나왔다.

미황사 경내에서 발견한 달마 대사의 석상은 참으로 특이했다. 부리부리한 눈과 텁수룩한 덕수염을 보니 우리나라 사람

같지 않았다. 알고 보니 그는 보디다르마라고 하는 남인도 출신의 타밀인 승려로 선종의 창시자라고 한다. 남인도 팔라바국 왕자로 태어나 왕족의 허울을 던져 버리고 출가한 뒤, 중국으로 건너가 북위에서 불제자를 양성했다고 한다. 그의 모습은 어딘가 우스운 구석이 있었다. 생긴 것도 특이했지만 만들다 만 것 같은 내리닫이 잠옷 같은 옷을 걸치고 있었기 때문이다. 달마 대사 석상을 보고 있자니 파리에서 본 청동 발자크상이 생각났다. 발자크상도 산발한 머리에 내리닫이 형태의 옷을 입고 있기 때문이다. 두 개의 상이 너무 닮아 순간 웃음이 났다.

미황사에도 백련사의 만경루처럼 보통 사람도 쉬어 갈 수 있는 자하루라는 누각이 있었다. 모든 사찰에 이런 공간이 마련되어 있는지, 남도의 사찰들에만 있는지는 잘 모르겠다. 여하튼 올라오느라 힘들었는데 이런 곳이 있어서 더할 나위 없이 좋았다.

자하루의 한쪽 벽면에는 가운데 큰 돌을 중심으로 크고 작은 수많은 돌들이 박혀 있었다. 다가가서 자세히 보니 그냥 돌이 아니었다! 돌 하나하나에 다양한 부처의 모습이 그려져 있었다. 알고 보니 이곳 돌맹이 부처는 천 개에 이르며, 한국화가 조병연 작가가 미황사의 대웅보전 천장 벽화를 장식한 천불에서 영감을 얻어 제작했다고 한다.

수많은 돌들에 부처를 그리고 그것을 벽에 박았을 것을 생각하니 숙연해졌다. 얼마나 큰 노력이며 얼마나 큰 신심인가? 불교에 헌신했던 어머니가 떠올랐다. 새벽마다 일어나 가파른 산길을 걸어 절에 다녀오셨던 어머니. 오직 자식들을 위해 새벽에 염주를 돌리며 염불을 외셨다. 이 부처들을 그린 작가도 그런 신심이었을 것이다. 어머니가 살아계셨을 때 한 번이라도 함께 절에 다녀왔더라면 얼마나 좋았을까. 이제야 후회가 물밀듯 밀려온다.

자하루에서 내다보는 경치가 좋았다. 멀리 바다가 보이는데 아름답고 평화로웠다. 이곳에서는 1년 내내 해남 땅끝의 멋진 일몰을 볼 수 있다고 한다.

내려가는 길 안내판을 보니 이번 계단은 '마음 채우며 내딛는 108계단'이란다. 아직 마음을 버리지 못했는데 벌써 채우라고 하니 정신이 없다. 올라갈 때 세어 보니 108에서 모자라는 것 같아 내려오면서 다시 셌다. 문 아래 계단까지 포함해서 108계단이다. 마음은 비우지도 채우지도 못한 채 계단 수만 헤아리고 내려왔다. 언제쯤 마음을 비울 수 있을까? 달을 보라고 손가락으로 가리켰는데 달은 안 보고 손가락만 봤다고 하더니 내가 딱 그 꼴이었다. 왜 내려놓으라는 욕심은 내려놓지 않고 딴짓만 하고 있는지….

내려오면서 뒤돌아보니 미황사 뒤로 삐죽삐죽 솟은 험한 달마산이 보였다. 제자가 왜 가장 멋있는 절이라고 추천했는지 알 것 같았다. 달마산은 '해남의 금강산'이라고 불리는 곳이다. 돌로 이루어진 산이라 험하면서도 아름답다는 뜻으로 붙은 이름인 것 같았다. 그리고 보니 달마산이 생트빅투아르산과 많이 닮았다는 생각이 들었다.

욕심 없던 어머니가 생각나는 곳, 무위사

아직 해가 남아 있어 내친김에 가까운 곳에 있는 월출산 무위사까지 갔다. 사찰 이름이 범상치 않다. 아무것도 하지 않는 곳이라니. '무위無爲'는 노자의 『도덕경』에나 나올 듯한 이름이 아닌가. 이 사찰은 다른 사찰과 다른 무언가가 있을 것 같았다. 기대감을 가득 안고 올랐다.

무위사는 과연 분위기가 달랐다. 시간이 늦어서인지, 원래 그런 것인지 모르겠지만 방문객이 거의 없고 아주 조용했다. 곳곳에 한자로 '默言(묵언)'이라고 쓰여 있었다. "도道라고 말하는 순간 도가 아니다."라는 말과 함께 작은 것이 큰 것을 이기고, 부드러운 것이 단단한 것을 이긴다는 『도덕경』의 말씀이 다시 생각났다.

사찰이 월출산에 있어서 산의 모습을 볼 수 있기를 기대했으나 보이지 않았다. 아마도 산 중턱에 자리 잡고 있어서 그런 것 같았다. 예전에 스위스의 융프라우에 올라갔을 때에도 정작 융프라우의 전경을 볼 수 없었던 기억이 떠올랐다. 보고 싶은 산이 있다면 그 산이 아닌 맞은편 산에 올라가야 한다. 월출산의 모습을 보지 못해 아쉬웠다.

마당에는 커다란 나무 세 그루가 서 있는데 '소원을 성취해 주는 나무'라고 했다. 이곳은 특히 기도가 효험이 있을 것 같아 우리도 나무에 소원을 써서 걸었다. 곳곳에 노란 수선화가 흐드러지게 피어 있었다.

소원 하니까 문득 어머니가 생각났다. 어머니를 생각하면 마음이 아리다. 가부장제와 남녀 차별이 심했던 시절에 태어나 어린 나이에 외며느리로 시집와서 중풍 걸린 시어머니, 병약한 고모에 사촌 시동생들까지 뒷바라지하고, 시집살이에 바람피우는 남편 때문에 온갖 고생을 다 하셨던 어머니. 그래도 내색하지 않고 새벽 3시면 일어나 불경을 삼천 번 외우시고 아침밥을 지으셨던 어머니. 어머니의 소원은 무엇이었을까? 어머니에게는 욕심이 있었을까? 자식이 잘되기를 바라는 것 외에 어머니 자신의 욕심은 없었을까?

많지 않은 어머니 사진을 찾아보니 여고 때 생활관에 초대하여 차를 대접하는 사진이 있었다. 학생들도 어머니들도 모두 한복을 입었는데, 다른 어머니들은 당시 유행하던 파마머리에 편안한 자세로 앉아서 딸의 절을 받는데 우리 어머니만 비녀로 쪽 지은 머리에 고개를 살짝 숙이고 한쪽 무릎을 고이고 앉아 계셨다. 늘 양보하고 뒷자리에 조용히 앉아 계셨던 어머니의 모습 그대로였다. 되돌아보니 어머니는 한 번도 자신의 욕심을 내보인 적이 없었던 것 같다.

나는 어떤가? 그저 앞만 보고 정신없이 달려왔다. 덕분에 교수가 되었지만 늘 연구와 강의와 집안일로 바빴고 주위를 보살필 여력이 없었다. 결국 나 자신까지 잘 돌보지 못해서 많이 아팠다. 의사 선생님은 스트레스 때문이라고 했지만 뭐든 더 잘하고 싶은 욕심 때문이 아니었을까? 아프고 나서 마음을 많이 내려놓았다고 생각했는데 다시 조금씩 욕심이 생기는 것은 어쩔 수 없는 인간이기 때문인가? 다만 이전의 욕심은 경쟁 사회에서 살아남기 위해 공부 욕심, 연구 욕심 등을 부린 것이고, 그때는 그게 욕심이라는 걸 깨닫지도 못하고 떠밀려 갔다는 게 더 맞는 말 같다. 은퇴한 마당에 아프기까지 했으니 더 이상 미련은 없다. 이제는 내 삶을 돌아보고 정리하는 글을 쓰고 싶은 욕심이 생긴다. 이를 위해 몸의 건강과 마음의 평화를 원한다. 전과는 많이 다른 욕심이라 할 수 있지만 이것도 욕심이라면 욕심이다. 살아 있는 한 욕심을 버리기는 어려울 것 같다.

2장

화려하고 웅장한 프로방스의 성당들

아비뇽 교황청, 로마를 대신했던 가톨릭 중심지

우리나라에는 오래된 사찰이 많고, 유럽에는 오래된 성당이 많다. 우리는 아주 오래전부터 불교가 뿌리내렸고 유럽은 가톨릭이 뿌리내렸기 때문일 것이다. 나는 해남의 고찰 대흥사에서 프로방스의 아비뇽과 엑스의 유서 깊은 성당을 떠올렸다.

교황청 하면 모두들 로마 바티칸에 있는 교황청을 생각하지만, 한때는 교황청이 아비뇽 Avignon에 있었다. 그 시절 아비뇽은 권력과 영화를 누렸지만 지금은 쓸쓸히 옛 추억을 되새기는 변방의 유적지일 뿐이다.

엑스에 머무는 동안 아비뇽에는 여러 번 다녀왔다. 아비뇽 교황청 Palais des Papes은 세계에서 가장 큰 고딕 양식 궁전으로 성벽 높이 50미터, 두께 4미터의 거대한 요새와 같이 만들어졌다. 14세기에 세워졌으며 뾰족한 탑과 망루가 있는 웅장하고 육중하고 견고한 석조 건물이다. 1309~1377년이 소위 '교황의 아비뇽 유수' 기간이라서 그때 건축한 것이다. 당시 로마 교황청과 프랑스 왕국 사이에는 세력 다툼이 끊이지 않았다. 이 시기에 교황으로 선출된 프랑스인 클레멘스 5세가 정치적 이유로 로마에 가지 못하고 아비뇽에 머물렀고 이후 약 70년간 여섯 명의 교황(모두 프랑스인)이 아비뇽에서 즉위하게 되어, 아비뇽은 로마를 대신하는 가톨릭의 중심지가 되었다.

교황청을 창건한 베네딕투스가 만든 북쪽을 구 궁전, 클레멘스 6세가 증축한 부분을 신 궁전이라고 한다. 안타깝게도 당시 화려했던 건물은 지금 성상 하나 없이 텅 빈 예배당과 회랑, 그리고 프레스코 벽화 몇 점만이 남아 있었다. 대부분 프랑스 혁명 때 파괴되거나 분실되었다고 한다. 나는 좀 엉뚱하게도 "오백 년 도읍지를 필마로 돌아드니 산천은 의구하되 인걸은 간 데 없네." 하고 읊었던 길재의 시가 떠올랐다.

아비뇽에서는 론강에 있는 생베네제 다리(아비뇽 다리)가 유명한데 지금은 끊겨 있다. 12세기 무렵 양치기 소년 베네제 Benezet가 다리를 지으라는 신의 계시를 듣고 혼자서 돌을 쌓아 지었다는 전설이 전해지고 있다. 얼마나 신심이 깊었으면 신의 계시까지 받았을까? 아비뇽과 론강 건너편의 도시를 이어 주던 다리로, 원래 필리프 왕의 탑까지 연결되었으나 17세기 말 홍수로 인해 절반이 떠내려가고 지금은 네 개의 교각과 생베네제를 기리는 생니콜라 예배당만 남아 있다. 〈런던 브리지〉라는 동요처럼 〈아비뇽 다리 위에서〉라는 동요도 있다고 한다. 중세 때 종교가 얼마나 큰 영향을 미쳤는지 새삼 느끼게 된다.

아비뇽 교황청은 저녁 무렵 하늘이 황금색으로 물들 때가 가장 아름답다. 차가운 석조 건물이 비로소 따뜻하게 보인다.

매년 7월 교황청 앞마당에서는 아비뇽 연극제가 열려 관객을 모으기도 한다. 교황청 옆에는 황금색으로 된 마리아상이 높이 서 있고 커다란 성당도 있다. 또 프티 팔레Petit Palais라는 박물관이 있는데 성화와 조각들을 모아 놓은 곳이다. 엄청나게 많은 그림이 있고 그중에는 보티첼리, 카르파초 등 유명한 화가들의 성화聖畵도 있다. '프티'는 작다는 뜻인데, 소장품을 보면 커다랗다는 뜻의 '그랑 팔레Grand Palais'라고 불러야 하지 않을까 싶다.

에그모르트, 역사적인 십자군의 마을

투어를 통해 간 곳 중에 중세 마을 에그모르트가 있었다. 아를Arles에서 서남쪽으로 한참 더 내려가는 곳인데, 이곳에서 7, 8차 십자군 원정이 시작되었다고 한다.

버스에서 내리니 멀리 원통형의 탑이 먼저 눈에 들어왔다. 요새 위에 만든 망루 혹은 감옥이 아니었을까 싶었는데, 아니나 다를까 이 탑의 이름은 '콩스탕스 탑'으로 원래 요새로 지었지만 나중에는 신교도를 가두는 감옥으로 사용되었다고 한다. 가까이 다가가니 망루 아래 길게 성벽이 나 있었다. 성벽 아래 문을 통해 마을에 들어가자 몹시 좁은 길이 나왔다. 길이 직선으로 길게 뻗어 있고 길 양쪽으로 깃발을 죽 걸어 놓았다. 길 옆 가게들 입구에는 검은 망토를 걸친 채 얼굴에 철가면을 쓰고 칼을 찬 모형들이 전시되어 있었다. 늘어선 깃발들은 무엇을 상징하는지 내내 궁금했다. 십자군이 출정할 때 흔들던 깃발이 아니었을까?

계속 걸어가니 광장이 나오고 한가운데에 루이 9세의 동상이 있었다. 에그모르트는 1248년 성왕 루이 9세가 지중해로 출항하는 최초의 직속 항구로 건설하여 이집트와 튀니지로 십자군 원정을 나간 곳이라고 한다. 루이 9세는 왕으로는 드물게 사후에 성인으로 추존되었다. 이곳에는 당시 만들어진 성벽과 집들이 그대로 보존되고 있는데, 그래서 골목이 비좁고 성벽과 집이 오래된 느낌이 들었던 것이다.

광장을 둘러싸고 주변에 카페와 식당이 늘어서 있었다. 가까이에 성당이 있어서 들어가 보았다. 성당의 스테인드글라스는 고색창연한 전통 스타일이 아니라 현대적인 추상 문양이었다. 아마도 새로 지은 성당이 아닐까 싶었다.

광장의 다른 편에서는 전시회를 했다. 그림이 여러 점 걸려 있는데 대부분 붉은색 십자가가 그려진 흰색 망토를 두르고 말에 탄 십자군 기사들을 묘사한 작품이었다. 십자군 원정 당시 흰색 겉옷에 빨간색 십자가는 성지 순례자 보호를 목적으로 설립된 성전기사단 또는 템플기사단 Knights Templar이라 불렀고, 검은 겉옷에 흰 십자가는 순례자를 위한 의료 구호 활동을 담당했던 병원기사단 또는 구호기사단Knights Hospitaller이라고 불렀다고 한다. 훗날 성전기사단은 성전 보호와 전투라는 목적이 없어지자 사라졌으나, 구호기사단은 전쟁 후 원래의 목적인 의료 봉사를 지속하여 현재까지 남았다고 한다. 그러니까 그림에 묘사한 이들은 성전기사단이었다.

오후 4시부터 중세 십자군 복장으로 행진을 시작한다는 안내가 있었는데, 시간이 가까워지자 광장과 길은 점점 사람들로 가득 차서 움직이기도 어려웠다. 멀리 성벽 위에도 사람들이 줄지어 있었다. 좁은 길 한복판에는 중세 복장을 한 남녀 대여섯 명도 있었다. 행진을 꼭 보고 싶었는데, 버스에 올라야 할 시간이 되어 아쉽게도 자리를 뜰 수밖에 없었다. 버스 차창을 통해 다시 콩스탕스 탑이 보였다.

후에 십자군 원정을 다룬 영화 〈킹덤 오브 헤븐〉을 다시 보았다. 우리는 지금 자유롭게 교회와 성당에 다니고 있지만 옛날에는 자신이 믿는 종교를 지키기 위해 많은 사람들이 목숨을 걸어야 했음을 보여 주는 영화이다. '나는 견진성사까지 받고도 성당에 잘 안 나가는데 옛날에는 종교를 위해 목숨 바쳐 싸웠구나.' 하고 반성의 마음이 밀려왔다. 전에는 알지 못했던 부분도 세심하게 들어왔다. 적기사와 흑기사 간의 갈등이 보였고, 흑기사라는 말이 왜 남을 위해 좋은 일을 해 주는 사람이라는 뜻으로 쓰이는지 알 것 같았다.

엑스 성당들의 장엄한 미사 의식

엑상프로방스는 작은 마을이지만 성당이 여러 개 있다. 모두 오래되고 크고 유명한 성당들이다. 엑스에서 우리가 다닌 성당은 두 곳이다. 남쪽의 마자랭 지구에 있을 때는 생장말트Saint Jean de Malte 성당에, 북쪽의 구시가지에 있을 때는 생소뵈르Saint Sauveur 성당에 다녔다.

아직 아파트를 못 구해서 마자랭 남쪽의 호텔에 머물 때 만난 성당이 생장말트 성당이다. 우리는 미라보로 나갈 때마다 이탈리 거리를 통과해서 갔다. 어느 일요일, 이탈리 거리를 걸어가는데 많은 사람들이 웅성거리는 소리가 났다. 소리를 따라 작은 골목으로 들어갔더니 거기 있는 광장에 많은 사람들이 모여 있었다. 한구석에는 종려나무 가지들이 잔뜩 쌓여 있고 사람들은 모두 커다란 종려가지를 하나씩 들고 있었다. 부활절 행사를 하고 있었던 것이다. '서울에서는 신부님만 종려가지를 들었는데.'라고 생각하면서 우리도 종려가지를 하나씩 들고 사람들의 시선을 따라갔다. 신부님 몇 분이 성당 문 쪽이 아니라 그라네 미술관 쪽 높은 입구에 서 있었다.

신부님들은 그곳에서 한 시간가량 의례를 진행했다. 우리는 프랑스어를 몰라서 무슨 말을 하는지 못 알아들었지만, 자리를 떠나지 않았다. 의례가 끝났는지 신부님들이 성당 문 쪽으로 이동하더니, 공성전에서 큰 문을 부수듯 여러 사람이 둥글고 큰 기둥을 들고 성당의 문을 "쾅! 쾅! 쾅!" 하고 세 번 두들겼다. 그러자 성당 문이 열리고 그때 비로소 주교와 신도들이 성당 안으로 입장했다. 우리도 뒤따라 입장해서 부활절 미사를 보았다. 왜 큰 기둥으로 성당 문을 두들겼을까? 서울에서는 보지 못한 광경이었다. 뭔가 굉장한 의미가 있는 의례임에 틀림없는 것 같았다.

이 성당에 수련을 온 한국인 신부가 있어서 신기하고 반가웠다. 모이세 신부라고 했는데 근처의 수녀원에 머물다가 이곳으로 왔다고 한다. 프랑스어 미사라서 어딘가 어색하고 이방인 같은 느낌도 들었는데 모이세 신부를 만나고 나서는 이 성당이 서울의 성당처럼 가깝게 느껴졌다. 미사 집전 후 영성체를 할 때 우리는 모이세 신부 앞으로 줄을 서서 영성체를 받았다. 멀리 타국에서 한국인 신부에게 받는 영성체라니.

구시가지 메잔느 거리의 아파트로 이사를 온 이후에는 생소뵈르 성당으로 미사를 보러 다녔다. 그곳은 생장말트 성당보다 더 오래되고 유명한 성당인 것 같았다. 알고 보니 생소뵈르 대

성당은 12세기부터 19세기까지 무려 7세기에 걸쳐 지어졌다고 한다. 그래서인지 성당 건물은 로마네스크, 고딕, 바로크 양식이 혼재되어 있어서 특이했다. 무엇보다 이 성당은 우리나라의 명동대성당이나 대구의 계산성당처럼 주교가 머무는 주교좌 성당이다.

성당 문은 호두나무로 조각한 것인데 구약성서에 나오는 예언자인 이사야와 예레미야(왼쪽 문), 에스겔과 다니엘(오른쪽 문)과 같은 인물들이 조각되어 있다고 한다. 노아의 이야기가 그려져 있는 피렌체의 성당 문처럼 말이다. 그러나 이 조각은 평소 다른 판으로 가려져 있어서 볼 수가 없다.

이 성당에서 가장 유명한 작품은 니콜라 프로망Nicolas Froment의 〈불타는 덤불〉 세폭화(1475~1476)이다. 〈불타는 덤불〉은 중앙 패널에 불타는 덤불 위의 성모와 아기 모세가 표현되어 있고, 왼쪽과 오른쪽 패널에는 각각 앙주의 르네 왕René I of Anjou과 잔 드 라발Jeanne de Laval 여왕이 제단 앞에 무릎을 꿇고 있다. 구약성서의 이야기를 그린 제단화로 양 날개를 펼치면 길이가 3미터에 이른다. 르네 왕이 그랑 카름 교회의 장례식 예배당을 장식하기 위해 만든 작품이며 19세기부터 생소뵈르 대성당이 보관하고 있다.

이곳 미사는 건물의 위용 못지않게 의례가 대단하다. 신부가 입장할 때 향통을 든 복사들이 앞장을 서고 커다란 십자가를 든 복사 또는 신학도가 뒤따르며 여러 신부들이 그다음에 서고 맨 마지막에 집전 신부가 들어온다. 미사 시작 전에 성당 안을 돌면서 참석한 모든 신도에게 성수를 뿌려 주는데 한국에서는 일반 미사에서 신도들에게까지 성수를 뿌려 주지는 않는다. 말씀의 전례에서 복음을 낭독하기 전에 집전 신부는 제단을 돌면서 직접 향을 뿌리고 인사를 드린다. 이때 또 한 분의 신부가 집전 신부의 옷소매를 붙잡고 뒤따르며 함께 움직인다. 그리고 커다란 성경책을 들고 나와 높이 들어 보이며 향통을 든 복사가 그 앞에서 향을 뿌린다. 또 성찬의 전례가 시작하기 전에도 주교가 직접 성당을 돌면서 신도들에게 향을 뿌려 준다.

장엄한 의례 덕분에 기도가 더 잘 되는 것 같은 느낌이 들었다. 나는 이곳에서 감사 기도와 함께 세월호 유가족들을 위해 기도하기도 했다. 세월호가 인양되고 세월호 특별법 시행령이 바로잡혀서 진실이 규명되기를 바라면서.

음악도 웅장하다. 파이프오르간은 보통 제단 뒤편에 있는데 이곳은 앞 왼쪽 윗부분에 있다. 녹색에 금박을 두른 화려한 바로크풍 외양이다. 미사 때는 파이프오르간 연주자가 와서 연주를 했다. 음악은 반드시 성가만 부르는 것이 아니라 다양하고 자유로운 것 같았다. 어느 날은 드보르자크의 〈신세계 교향곡〉 중 '그리운 고향'이 나왔고 파견 음악으로는 〈개선행진곡〉이 연주되었다.

한번은 아기 세례 의식을 보았다. 한국에서는 세례 때 이마에 물을 묻히는 것으로 간단하게 끝내는데, 이곳에서는 아기를 발가벗겨 물통에 담갔다가 들어올린다. 그런 다음 옷을 입히고 아기를 높이 들어올려서 참석한 신도들 모두에게 보여 준다. 의식을 하는 동안 아기의 부모도 앞에 나와서 함께 참여한다. 귀한 경험이었다.

엑스의 어학원인 알리앙스 프랑세즈에서 프랑스어를 배운 뒤부터는 사전으로 단어를 찾아보며 성당 주보에 실린 복음과 소식들을 읽었다. 힘들어도 알아 가는 재미가 쏠쏠했다.

라벤더 들판과 별이 달린 마을

산꼭대기에 자리 잡고 있지만 바다 전래설을 가지고 있는 미황사를 생각하다 보니, 프로방스의 성당 두 곳이 떠올랐다. 한 곳은 바위산 꼭대기에 위치한 무스티에 생마리Moustiers Sainte Marie 성당이고, 다른 한 곳은 아를 남쪽 바닷가에 있는 생마리 드라메르Sainte Marie de la Mer 성당이다. 이름이 헷갈려 전자는 '산꼭대기의 생마리 성당', 후자는 '바닷가의 생마리 성당'이라고 부르기로 했다.

'산꼭대기의 생마리 성당'은 108계단을 올라야 하는 미황사처럼 200개가 넘는 계단을 올라가야 한다. 그런가 하면 '바닷가의 생마리 성당'은 배에 불경과 불상, 석궤를 싣고 들어왔다는 전설을 가진 미황사처럼 성녀들이 배를 타고 들어와서 지었다는 비슷한 유래를 가지고 있다.

산꼭대기의 생마리 성당은 베르동Verdon 지역 국립공원의 일부로 주민 700명 정도가 사는 작은 마을, 무스티에 생마리에 있다. 이곳은 프로방스의 레보Les Baux나 뤼베롱 지역의 고르드Gordes, 루시용Roussillon과 함께 '프랑스에서 가장 아름다운 마을'의 하나로 알려져 있다. 프랑스에는 이런 작고 예쁜 마을들이 많은데 어찌 보면 이 작은 마을들이 프랑스의 보물이자 핵심 관광자원인 것 같다. 작은 것이 큰 것을 이긴다는 노자의 『도덕경』 말씀이 서양에서도 통하는 것 같다.

무스티에 생마리 마을에 가기 위해서는 발랑솔Valensole을 지나가야 하는데, 발랑솔은 라벤더 꽃밭으로 유명하다. 마침 우리가 갔던 7월 초에는 라벤더가 한창이었다. 라벤더 꽃밭이 길 양쪽으로 골을 따라 끝없이 펼쳐져 있었다. 그야말로 보랏빛의 향연이었다. 우리 일행은 차에서 내려 라벤더 꽃밭으로 걸어 들어갔다. 라벤더는 더할 나위 없이 향기롭고 아름다워서 정신을 차릴 수 없을 정도였다. 세 살배기 손주가 살랑거리는 라벤더 꽃밭에서 손을 흔드는 모습은 그대로 한 폭의 그림이었다.

그렇지만 땅은 놀랍게도 먼지가 풀풀 날 정도로 건조하고 전혀 비옥해 보이지 않았다. 이런 땅에서 라벤더가 자란다는 것이 놀라웠다. 라벤더 설명서를 사서 읽어 보니, 이곳의 라벤더는 사실 교잡종인 라반딘lavandin이었다. 라반딘은 줄기가 방사선 모양으로 사방팔방으로 뻗어나가 전체적으로 둥그런 모습을 하고 향이 강하며 오일을 많이 뽑을 수 있다고 한다. 반면 라벤더는 좀 더 자연스럽게 뻗어 나가며 진정과 이완 효과가 높다고 한다.

다시 차를 타고 한참 동안 라벤더 들판을 달리다 보니, 갑자기 눈앞에 울퉁불퉁 험준해 보이는 높은 산들이 나타나기 시작했다. 완전히 다른 곳에 온 것 같았다. 산 중턱에 조그만 마을이 보였는데 그곳이 바로 무스티에 생마리였다.

차에서 내려 마을로 들어서니 두 개의 바위 절벽 사이에 조그만 다리가 있었다. 다리 위로 양쪽 절벽 윗부분을 줄로 연결해 놓았고 줄 가운데에 별이 매달려 있었다. 이 별이 생긴 유래에 대해서는 여러 버전이 있는데, 그중 1854년 프로방스의 전통을 홍보하려고 이 지역 출신의 노벨문학상 수상 시인인 프

레데리크 미스트랄Frédéric Mistral이 지어냈다는 이야기가 있다. 그에 따르면, 별은 십자군이었던 기사 블라카Blacas의 소원에 따라 설치된 봉헌물이다. 블라카는 십자군으로 참전했다가 사라센 감옥에 투옥되었는데 만약 살아서 마을에 돌아온다면 별을 달겠다고 맹세했다는 것이다. 별의 기원은 오늘날까지 미스터리로 남아 있으며, 별의 크기는 1.25미터, 줄의 길이는 135미터라고 한다.

다리를 건너면 예쁜 가게들이 늘어서 있는데 대부분 도자기를 파는 곳이다. 태양왕 루이 14세가 이곳에 왕실의 도자기 만드는 일을 맡긴 뒤로 도자기의 고장으로 유명해졌다고 한다.

이곳의 도자기는 모양이 특이하고 무늬와 색깔도 아름다워 정교한 예술작품 같다. 커다란 나무 아래 의자에 앉아 잠시 쉬면서 아담한 도자기 마을을 찬찬히 살펴보니, 공교롭게도 우리나라 강진 생각이 났다.

강진은 우리나라를 대표하는 청자의 생산지였다. 고려시대부터 강진군 대구면 일대에 가마들이 대규모로 설치되었다고 한다. 그 가마들에서 10세기부터 14세기까지 약 500년 동안 신비로운 옥빛을 띤 청자를 집단적으로 생산했다. 국보와 보물로 지정된 고려청자의 80퍼센트가 강진에서 생산된 것이라고 하니 고려청자의 본향이라 하겠다.

작고 아담한 무스티에 생마리 성당과 베르동 협곡

무스티에 생마리 성당은 이 마을의 가파른 언덕 위에 있었다.

"우와! 저길 어떻게 올라가지?"

탄성과 동시에 걱정이 들었다. 마음을 단단히 먹고 돌고 돌아 언덕길을 오르다 보면 십자가의 길 14처 그림들이 하나씩 나타난다. 십자가의 길 14처란 예수가 잡혀서 재판을 받고 십자가를 지고 골고다 언덕으로 올라가고 마침내 언덕에 도착해 십자가에 못 박혀 죽는 과정을 14개의 장면으로 묘사한 것이다. 보통은 성당 안에 조성되어 있는데 이곳은 성당 올라가는 언덕길에 3단 탑을 세우고 탑 꼭대기의 도자기 타일에 각 처를 상징하는 그림을 그려 넣었다. 올라가는 길이 힘들어서 예수가 십자가를 지고 가면서 얼마나 힘들었을지 직접 체험하는 것 같은 느낌이다. 마지막 가파른 계단을 올라갈 때는 난간에 매달리다시피 했다.

내가 너무 힘들어 하니까 제자의 부인인 소향 씨가 미리 준비해 온 작은 빨강무를 내놓으면서 "수분이 필요하니 드세요."라고 말했다. 보통 "목이 마를 테니 드세요."라고 말하는데, 의사라서 그런지 사용하는 용어가 달랐다. 그 세심한 준비에 감탄하면서 빨강무를 먹고 나니 힘이 나서 꼭대기까지 올라갈 수 있었다.

아주 오래되어 보이는 성당은 아담했다. 성당 뒤 울퉁불퉁 높은 바위산과 나무들이 둘러싸고 있고, 앞마당에는 커다란 나무들이 있었다. 앞마당 절벽과의 경계에는 추락을 막기 위해 만들어 놓은 나지막한 담벼락이 있었다. 높아서 무서웠지만 남편의 권유로 거기 걸터앉아 쉬면서 아래를 내려다보았다. 들판과 마을이 아름다운 그림 같았다.

성당 안은 바깥 햇볕이 너무 강렬해서인지 어두워 보였다. 전체적으로 소박하고 제단도 낡아 보였지만 그래서 더욱 성스러운 느낌이었다.

"아니, 여기 성당 제단은 내가 다녔던 전주 성당과 비슷하네."

한때 신부가 되고 싶어했던 남편이 말했다. 남편은 까까머리 시절부터 이웃 할머니의 인도로 성당에 다니기 시작했는데, 성당 가는 길에 뭔가 해야 할 것 같아서 한겨울에 큰 돌을 들고 갔다가 다시 들고 오곤 했단다. 겨울 내내 그 일을 계속했다고 한다. 본인 생각에는 성령이 내린 것 같았다고 하는데, 내가 보기에는 우직한 성품이라 그런 것 같다. 나중에 남편은 신부가 되기로 결심했다고 한다. 하지만 집안의 장남인 남편이 신부가 되면 가계가 끊길 거라 생각한 부모님이 절대 안 된다고 결사 반대를 하는 바람에 결국 포기했다고 한다. 그런 따뜻한 마음이 있어서 아픈 나를 그렇게 정성스럽게 보살펴 주었는지도 모르겠다.

한편 나는 남편과 결혼하기 위해서 영세를 받은 나이롱 신자이다. 영세를 받으려고 교리 공부를 했는데 그때만 해도 옛날이라 직접 출석해서 6개월이나 공부해야 했다. 그 뒤 견진성사까지 받았고 아팠을 때는 기도를 많이 했지만 지금은 도로 냉담 신도가 되고 말았다. 이제 좀 더 성실히 성당에 다녀야겠다는 생각이 든다.

어쨌든 이 성당은 작고 아담해서인지 아니면 오래되어서인지 기도가 더 잘 될 것 같은 느낌이 들었다. 어쩌면 십자군 기

사의 소원으로 걸어 놓은 별이 있어서인지, 아니면 산꼭대기라 하늘에 가까워서인지도 모르겠다. 내부를 둘러보고 나오는데 열려 있는 문에서 들어오는 한 줄기 햇살이 마치 구원의 빛처럼 보였다.

우리는 무스티에 생마리 마을에서 나와서 가까운 곳에 있는 생크루아 호수Lac de Sainte Croix로 갔다. 호수는 석회암 지형 덕분에 아름다운 에메랄드빛을 띠고 있다. 베르동강과 연결되며 여기에서 더 깊이 들어가면 유럽의 그랜드캐니언이라고 불리는 베르동 협곡에 이른다.

우리는 호숫가로 내려가서 두 사람이 발로 페달을 밟아서 가는 보트를 탔다. 보트가 넓은 호수를 벗어나 협곡 쪽으로 가자 경치가 달라졌다! 하나의 절벽이 나타나고 그것이 지나가면 또 다른 절벽이 나타나고. 끝도 없이 아름다운 절벽이 이어졌다. 땡볕이라 더울 줄 알았는데 시원한 바람이 불었다. 기암 절벽들을 보고 있자니 규모는 다르지만 베이징에 있는 협곡 룽칭샤龍慶峽가 떠올랐다. 협곡을 따라 한 시간 동안 오르내리는 길이 황홀경이었다. 나중에 제자인 최철웅 부부와 협곡의 위쪽을 차로 드라이브했는데 거기서 내려다보는 경치도 기가 막혔다. 곳곳에 설치된 전망대에서 내려다보면 주상절리도 보이고 뱀처럼 구불거리는 강도 보이고 발밑에서 곧 무너질 것처럼 아찔한 절벽도 보였다. 제자도 이렇게 아찔한 드라이브는 처음이라며 식은땀을 흘렸다.

생마리 드라메르 성당, 바닷가에 지은 성녀들의 성당

'바다에서 온 마리아'라는 뜻을 가진 생마리 드라메르 마을은 아를 남쪽 지중해 바닷가에 자리 잡고 있다. 우리가 아를에 도착했을 때 마침 벼룩시장이 열려서 소매 없는 옷을 하나 사서 갈아입었다. 바닷가에 갈 채비를 한 셈이다.

우리는 먼저 시내 광장에 있는 생마리 드라메르 성당에 들어갔다. 성당에서 처음 눈에 띈 것은 여인들이 배에 탄 모습을 그린 그림이었다. 설명을 읽어 보니, 성모의 자매 마리아, 대야고보의 어머니 마리아, 요한의 어머니 살로메 마리아 등 세 명의 마리아가 배를 타고 와서 여기에 상륙했다는 전설이 있다고 한다. 그 때문에 6세기경부터 순례자들이 모여들기 시작해 9세기경 성당을 세웠다고 한다. 배에 탄 여인들은 바로 그 성녀들이었다. 11세기에 폐허가 되었는데, 12세기에 프로방스 양식의 건축으로 재건하면서 지금과 같은 성당의 모습을 갖게 되었다고 한다.

중앙 제단에는 그 성녀들의 무덤이 있고, 몇 계단을 더 내려가니 제단 아래 지하 동굴 같은 것이 있었다. 특이한 것은 한 성녀의 모습이었다. 얼굴이 까만색일 뿐만 아니라 의상이나 장식이 성녀의 일반적인 모습과 달랐다. 나중에 알고 보니 그녀는 위 성녀들의 하인이었다가 성녀로 추앙된 검은 사라^{Saint} ^{Sarah}였다. 사라는 이 성당을 많이 찾는 집시들의 수호성인으로 여겨지고 있었다. 분위기는 낯설었지만 우리는 그곳에서 촛불을 켜고 기도했다. 누구에게나 '자기만의 신'이 있다는 울리히 벡의 책이 생각났다.

밖으로 나오니 꼭대기로 올라가는 좁고 꼬불꼬불한 계단이 있었다. 거의 3층은 됨직한 좁은 계단을 둥글게 돌며 올라갔다. 어두운 계단 끝은 성당 지붕이었다. 삼각기둥을 옆으로 누인 것 같은 지붕 꼭대기에 몇 사람이 앉아 있었다. 종 세 개가 힌 줄로 날려 있는 성당의 종탑도 보였다. 발이 미끄러질 듯했지만 간신히 올라가서 꼭대기에 걸터앉았다.

"우와, 여기 경치가 끝내주네."

한쪽으로는 멀리 바다가 보이고 또 한쪽으로는 발밑에 붉은색 지붕들이 늘어선 모습이라니! 이렇게 속 시원해지는 경치가 있다니! 고소공포증도 잊은 채 넋을 놓고 한참을 거기에 앉아 있었다.

성당에서 나와 우리는 바닷가로 나갔다. 한 식당에 들어가 점심을 먹었는데, 튀긴 생선 같은 해산물 요리가 많았다. 점심

을 먹은 뒤 해변을 향해 걷다 보니 길가에는 남쪽의 화려한 꽃들이 피어 휴양지 같은 분위기였다.

소의 동상도 보였다. 버스에서 내릴 때에는 하얀 말 동상이 보였는데, 이곳이 카마르그Camargue 습지와 가까워서 여러 동물들의 모습을 세워 놓은 것일까? 배에 실려 온 석궤가 황금빛 소로 변했다는 미황사의 전설을 듣고 난 뒤에는 이 지역이 미황사와 묘하게 닮았다는 느낌이 자꾸 들었다.

해변을 경계 짓는 나지막한 시멘트 울타리를 넘어 모래밭이 나왔다. 우리는 신발을 벗어 들고 바닷가로 다가갔다. 많은 사람들이 물속에서 놀고, 모래 위에 수건을 깔고 선탠하는 사람들도 많았다. 해변은 둥그스름 휘어졌는데, 멀리 방파제 같은 언덕이 보였다. 우리는 젖은 모래 위를 계속 걸어가 그 방파제 위까지 갔다.

방파제를 경계선으로 한쪽에는 사람들이 놀 수 있는 모래사장과 얕은 바다가 있고, 반대쪽으로는 깊어 보이는 푸른 바다가 일렁이고 있었다. 방파제는 울퉁불퉁한 바위들로 가득해서 걷기도 앉기도 불편했지만 우리는 그 위에 앉았다. 멀리 수평선을 바라보며 바람을 맞고 햇볕을 쬐었다. 그러고 있으니 세상 일은 모두 잊힌 듯했다. 바다는 그런 곳인가 보다.

다시 모래사장을 걸어서 돌아왔다. 버스에 타고 보니 내 어깨가 발갛게 익어 있었다. 비록 작은 화상을 입었지만 지중해이 평화롭고 아름다운 바다는 결코 잊지 못할 것이다.

프로방스의 명물, 올리브나무

해남에 동백나무가 유명하다면 프로방스는 올리브나무가 유명하다. 올리브나무는 사이프러스, 라벤더와 함께 프로방스를 대표하는 나무이다. 특히 올리브 열매는 귀한 올리브유의 원료이다. 프로방스 지방에서는 식탁보, 냅킨 등 일상용품에도 올리브 열매와 가지 문양을 활용하는 경우가 많다.

프로방스 곳곳에서 올리브나무를 볼 수 있지만 특히 가르 다리Pont du Gard 근처에서 본 올리브나무가 가장 기억에 남는다. 로마시대의 거대한 수로교인 가르 다리는 황토색 돌들을 쌓아 만든 아치형의 3층 구조물이다. 아비뇽에서 님Nimes으로 가는 길 중간쯤에 자리한 가르동강에 있다.

가르 다리를 찾은 많은 관광객의 뒤를 따라가는 중에 엄청나게 큰 올리브나무가 나타났다. 그렇게 큰 올리브나무는 본 적이 없었다. 굵게 옹이가 박힌 밑둥과 큰 키에 이리저리 꼬인 나무 기둥과 줄기를 보면 무척 오래된 나무인 듯싶다. 그런 올리브나무가 근처에 몇 그루 더 있었다. 이토록 척박해 보이는 땅에서 기름을 내는 올리브 열매가 열린다니 신기했다.

남부 프랑스 레보에는 올리브나무로 가득 찬 평원이 있는데 그곳에서 생산되는 올리브유를 최고 품질로 친다고 한다. 이런 올리브유에는 엑스트라 버진extra virgin이라는 이름이 붙는다. 원재료를 제일 처음 압착한 오일로, 산도가 0.8퍼센트 이하인 경우에만 붙일 수 있는 최상위 등급이라는 뜻이다.

3부

고향의 자연과 언어를 사랑한 예술가들

남도와 프로방스에는 놀라울 만큼 뛰어난 예술가들이 많다. 왜일까? 화가에게는 아름다운 경치가 큰 매력일 것 같고, 작가에게는 시골 사람들의 맑은 정서와 구수한 이야기가 재미있을 것 같다.

3부에서는 남도와 프로방스의 화가와 문인을 만나 본다. 남도의 화가는 소치 허련과 공재 윤두서를, 프로방스의 화가는 세잔과 고흐를 만난다. 동양화와 서양화라는 완전히 다른 전통에서 그림을 그렸고 차이점도 많지만, 신기하게도 비슷한 점을 찾을 수 있었다. 문인은 남도의 고산 윤선도와 영랑 김윤식, 프로방스의 알퐁스 도데와 마르셀 파뇰이 있다. 다른 역사적 환경 속에서도 고유의 언어로 혹은 사투리로 글을 썼는데 이 공통점이 매우 놀랍다.

1장

자연을 벗삼은 남도의 예술가들

마음의 고향을 그린 소치 허련의 산수화

남도는 예부터 예향으로 유명하다. 전에 전남대에 있을 때는 동양화에 심취하여 전시회도 다니고 그림과 글씨를 몇 점 사기도 했다.

그때 이미 운림산방 이야기를 들었다. 남종화南宗畵의 대가 소치 허련(1808~1893)이 말년에 거처하며 여생을 보낸 곳인데, 손자인 남농 허건이 복원했다고 한다. 드디어 그 유명한 진도 운림산방을 찾게 되었다.

널찍한 터에 잘 가꾸어 놓은 정원과 집, 그리고 기념관이 있었다. 입구를 통과해 넓은 잔디밭을 지나자 제법 큰 네모난 연못이 나타났다. 연못 이름은 연지. 가운데 작은 섬 위로 소치가 심었다는 배롱나무 한 그루가 서 있었다. 가지가 축 늘어진 빨간 홍매는 연못 주변에 둘러 있었다. 우리는 벤치에 앉아 연못을 바라보았다. 이렇게 큰 터를 잘 가꾸어 온 정성에 감탄하며 새삼 허련이 대단한 화가였다는 생각이 들었다.

반듯한 기와집이 연못을 앞에 두고 있는데, 그곳이 소치가 작업하던 곳이라고 한다. 방 하나에 소치가 작업하는 모습을 모형으로 만들어 놓았다. 탕건을 쓰고 낮은 탁자 앞에 앉은 모습이다.

몰락한 양반 집안에서 태어났으나 화가로 성공해 이렇게 크

고 멋진 남종화의 터전을 일군 허련. 그를 생각하다 보니 부유한 집에 태어났지만 아버지와 뜻이 맞지 않아 힘들게 생활을 꾸려 간 세잔이 떠올랐다. 세잔은 아버지가 세상을 떠난 47세 이후에 물려받은 집을 팔아 자신의 아틀리에를 마련했지만, 결국 사람들을 멀리하고 엑상프로방스에서 혼자 지내며 그림을 그리다 쓸쓸히 세상을 떠났다.

  운림산방 뒤에는 기역자로 꺾인 초가집이 있는데 부엌과 안방이 보였다. 아마도 살림집으로 쓴 것 같았다. 따사로운 햇살 아래 아담한 공간이 왠지 더 정겹게 느껴졌다.

  다시 잔디밭을 지나 소치 기념관에 들어갔다. 소치 가문에 대한 연대별 설명이 보였다. 그의 집안에서는 5대에 걸쳐 화가가 나왔다고 한다.

"우와! 허련, 허백련, 허건이 다 한집안이네."

소치의 아들 미산 허형, 미산에게 그림을 배운 의재 허백련(소치의 조카뻘), 손자 남농 허건 등 내가 예전에 많이 들어 본 이름도 거기에 있었다. 부자도 3대를 못 간다고 했는데, 한 집안에서 계속 화가가 탄생하다니! 그렇게 조선시대 남화의 맥이 이어 온 것인가 보다.

기념관에는 소치의 그림이 가장 많고, 아들 미산, 손자 남농 등의 그림도 있었다. 절벽 아래 조그마한 배를 탄 어부, 강 옆의 정자, 묵모란, 소나무, 대나무 등 유명한 작품도 많았다.

소치 그림의 화풍은 '사의적 남종화寫意的南宗畵'라고 한다. 동양화는 남종화와 북종화로 나뉘는데, 남종화는 주로 문인들의 그림을, 북종화는 도화서 화원과 같은 직업화가들의 그림을 말한다. 화원들이 실제 모습이나 상황을 정확히 묘사하는 데 중점을 두었던 반면, 그림을 취미로 그린 문인화가들은 그림에 자신들의 뜻과 생각을 반영했다. 따라서 남종화에서는 운치와 품격 등 계량화할 수 없는 정신을 강조했다. 특히 추사 김정희는 실제 모습을 모방하는 데 그치지 않고 마음속 뜻과 의지를 반영하는 사의적 그림을 그릴 것을 강조하여 조선 말기 회화에 지대한 영향을 미쳤다. 추사의 영향을 받은 소치도 남종화에 푹 빠져 있었다.

소치의 산수화를 보면 대체로 정해진 구도를 따르고 있음을 알 수 있다. 예컨대 근경의 언덕에 몇 그루의 고목과 인적이 없는 정자를 배치한다. 중경에는 강물 또는 호수를, 원경에는 먼 산을 배치하는 방식이다. 이러한 구도는 원나라 화가 운림 예찬倪瓚의 필법과 구도를 충실히 따른 것이며, 소치는 평소 그를 존경해서 그의 호를 빌려 와 이곳을 운림산방이라 이름 지었다. 소치의 〈방예운림죽수계정도倣倪雲林竹樹溪亭圖〉를 보면 이 구도가 잘 나타나 있는데, 그림 제목에 '모방할 방倣' 자를 붙여서 예찬의 그림(〈용슬재도容膝齋圖〉)을 본떠 그렸음을 밝히고 있다.

어쨌든 소치가 그린 사의적 남종화의 산수는 실제 모습이 아니라 당시 양반들이 마음속에 그리던 이상향이라고 볼 수 있다. 학문을 배워 과거에 급제하고 출세하여 부귀영화를 누리는 양반들에게도 매일의 업무는 힘들었나 보다. 가장 가고 싶은 곳으로 산과 강이 있고 인적이 없는 호젓한 정자를 그려 놓은 것을 보면 말이다. 옛 산수화에 자연 속에서 홀로 쉬는 그림이 많은 것을 보면 예나 지금이나 아름다운 자연은 모든 것에서 해방되어 힐링을 주는 그리운 곳인 모양이다.

소치 허련은 어렸을 때부터 그림에 뛰어난 재주를 보였다고 한다. 대흥사에 가서 초의 선사를 만나 가르침을 받고, 윤선도의 손자인 공재 윤두서의 고택에서 그의 후손인 윤종민을 통해 《공재화첩》을 빌려 보고 그림을 따라 그리면서 화풍을 익혔다. 다시 대흥사에서 초의 선사의 소개로 추사 김정희를 만나 스승으로 모시고 그림과 글씨를 배웠고, 그에게서 "압록강 동쪽으로 소치만 한 화가가 없다."는 말을 들었다. 그 뒤 문예를 좋아했던 헌종을 다섯 번이나 알현하고 그 앞에서 그림을 그리는 영광을 누렸다. 스승 김정희에 대한 존경과 사랑은 끝이 없어서 제주도에 귀양 가 있는 김정희를 세 번이나 찾아갔다고 한다. 그때는 제주도에 배를 타고 가다가 목숨을 잃기도 했는데 세 번이나 갔다니 스승을 사모하는 마음이 얼마나 깊었는지 짐작할 수 있다. 또한 강진으로 유배 온 정약용의 장남 정학연과도 인연을 맺어 그를 인간적으로 가장 존경한다고 자서전에 썼다. 소치 자신이 말한 대로 꿈같은 인연의 연속이었다. 김정희가 사망한 이후에는 고향으로 내려와 운림산방을 만들고 이곳에 거처하며 그림을 그렸다.

그러나 인정을 받는 데 목말랐던 그는 계속 서울을 왕래했다. 그의 이름은 유명해져서 나중에는 세도정치로 유명한 안동 김씨 집안의 김흥근, 흥선대원군 이하응, 민영익 등 유명인사와도 교류했다고 한다. 하지만 그를 인정해 주던 권력자들이 사라지자 다시 경제적 어려움을 겪게 되어 늘그막에 어려운 삶을 살았다. 그는 그림만이 아니라 기록도 자세하게 남겨 놓았는데 자서전 격인 『소치실록』(『몽연록夢緣錄』과 『속연록續緣錄』) 이 있다.

소치는 고향을 두고도 끊임없이 서울을 왕래하며 주유했다고 한다. 왜 그랬을까? 경제적으로 힘들어서 그랬을까? 후대 사람들이 말하는 것처럼 지위가 높은 사람들의 인정을 받는데 목말라서 그랬을까? 아니면 자신이 그림에 그렸던 이상향을 찾아 헤맨 것일까? 그에게 고향은 무엇이었을까? 자신의 그림을 인정해 주는 곳, 그곳이 그의 고향이었을까?

시대의 욕망을 그린 소치의 묵모란

소치는 산수화 이외에 묵모란도 잘 그렸다. 묵모란은 소치를 '허모란'이라고 불리게 할 정도로 유명했다.

모란은 화려한 자주색 꽃으로 중국인들에게 꽃 중의 왕, 부와 명예의 꽃이라고 불리며, 특히 '모란은 꽃 가운데 부귀한 것'이라고 노래한 송나라 주돈이周敦頤의 시 「애련설愛蓮說」 이후 부귀를 상징하는 꽃으로 보편화되었다. 또한 조선시대의 모란 병풍은 궁중 의례에 사용될 정도로 부귀영화를 의미하는 상징

성과 태평성대를 알리는 상서로움의 뜻까지 가지게 되었다.

소치는 화려한 자주색 모란을 검은색 묵모란으로 그려서 유명해졌다. 허련이 모란, 특히 묵모란으로 유명해진 것은 신분 사회가 와해되는 과정에서 부귀를 갈망했던 당시의 사회 풍조를 반영한 것이라는 후대의 평가도 있다. 오늘날 언제부터인가 새해 인사로 "복 많이 받으세요."라는 인사 대신 "부자 되세요."라는 인사를 나눌 정도로 돈과 부에 대한 갈구가 노골화된 현대의 분위기와 같은 맥락일 것이다. 이는 문인 사대부들의 도덕성과 심성을 닦는 이상적인 측면이 강한 산수화나 사군자 그림과는 다른 작풍이었다.

허련의 모란 그림은 요즘 말로 하자면 고객의 요구에 부응한 것, 노골적으로 말하자면 고객의 욕망에 부응한 것이었다고 할 수 있다. 그의 묵모란 그림은 특히 사대부를 우러러보면서도 호사스러운 취미를 가진 지방 유지들에게 인기가 많았던 모양이다. 부귀를 좇는 직접적인 욕망과 입신하려는 문사文士적 지향을 동시에 만족시키는 것이었기 때문이다. 허련이 모란을 그리되 채색을 사용하지 않고 먹만으로 그린 것은 일생을 두고 남종화가로서 본분을 지킨 것으로 여겨진다. 또한 많은 고객에게 그림을 그려 주려다 보니 산수화보다 상대적으로 그리기 쉬운 모란 그림을 그리게 되었을 것이다.

조선 후기에는 임진왜란과 병자호란으로 나라가 쑥대밭이 된 뒤 지식인들 사이에서 현실을 제대로 보아야 한다는 인식이 일어났다. 실사구시를 추구한 다산 정약용의 실학 사상도 이런 맥락에서 나온 것이라고 볼 수 있다. 그림에서도 사실주의가 나타났고, 조선시대 천재 화가 3재三齋인 공재 윤두서, 겸재 정선, 현재 심사정 등은 사실주의를 따르거나 남종화와 절충했다. 그러나 시간이 흐르면서 사실주의는 점차 사라지고 다시 남종화가 화단을 장악했다. 모르긴 몰라도 청나라에 유학을 다녀온 추사 김정희 등 엘리트들이 이런 흐름을 이끌지 않았을까 짐작해 본다.

추사를 따랐던 제자 허련 역시 평생을 중국 남종화의 충실한 추종자로 살았던 것 같다. 소치는 이상향이라고 생각되는 그림들을 그리는 데 몰두했고 이런 그림들이 대세를 이루었다. 실제로 이상향을 찾으려고 했는지 세태의 유행을 따랐는지는 모르겠지만, 이상향에 대한 사람들의 목마름은 시대를 불문하고 늘 있었다. 화가뿐만 아니라 그림을 보고 즐기는 양반들이나 보통 사람들도 이상향이나 마음의 고향에 대한 갈망이 크지 않았을까? 특히 세상이 어수선할 때에는 더욱 마음의 고향이 그리웠을 것 같다.

사실 나 자신도 문인화의 매력에 푹 빠져 동양화를 배운 적이 있고 지금은 캘리그라피를 배우고 있다. 어반 스케치도 배웠는데, 여행지의 추억을 펜과 수채로 그리는 것이다. 이 책에 넣을 그림을 그리면서 힘들면서도 즐거웠고 그림으로 구체화해 놓으니 마음속 장소가 더욱 정이 드는 것 같았다. 그러다 보니 어릴 적 모습도 그리고 싶어졌다. 어릴 때 살던 집, 김장 담그려고 배추 손질하는 어머니, 언니, 나의 모습, 어릴 적 친구들, 꿈 많던 여고 시절의 추억들, 대학 때 데모하던 학생들, 연애 시절, 유학 시절, 태어난 지 6개월밖에 안 된 첫아이를 서울로 보낼 때 공항에서 이별하던 모습 등. 그러고 보니 그림은 내 꿈을 소환하는 것이고, 내 인생을 되돌아보는 방식 중 하나라는 생각이 든다. 그림을 그려 놓고 보면 그곳이 내 마음의 고향이 되는 것을 느낀다. 가끔은 사진도 없이 머릿속 생각만으로 그림을 그려야 할 때가 있다. 이런 그림은 그리기가 쉽지 않다. 상상 속의 장면을 그린다는 것은 실제로 존재하지 않는 이상향을 그리는 것과 무엇이 다른가? 소치 허련도 그런 생각이었을까? 건방지기 짝이 없지만 이상향, 마음의 고향을 그린다는 점에서는 차이가 없지 않을까?

그림을 그리고 글씨를 쓰는 동안은 나를 잊고 온통 몰입하게 된다. 내가 다시 그곳에 간 것 같은 느낌, 다시 어린 시절로 되돌아간 느낌이 든다. 그곳이 그립고 다시 가 보고 싶은 생각이 든다. 그림을 그리고 글씨를 쓰면 마음이 편안해지고 잠시 나를 잊고 내려놓게 되는 것 같다. 이렇게 내 욕심을 좀 내려놓게 되는 걸까? 아니면 이것도 또 다른 욕망의 하나일까?

공재 윤두서, 근본으로 돌아가고자 한 양반 화가

공재 윤두서(1668~1715)는 겸재 정선, 현재 심사정과 함께 조선 후기 그림 천재로 불리는 선비 화가이다. 해남 출신이며 말년에 해남에 내려와 칩거하면서 학문과 그림에 힘썼다.

내가 공재의 그림을 처음 본 것은 윤선도 가문의 종손 며느리가 운영하는 해남 '백련동 커피 가게'에서였다. 해남 윤씨 고택인 녹우당과 전시관이 공사중이어서 보지 못하고 커피 가게에 들렀는데 들어서자마자 공재의 〈자화상〉이 눈에 띄었다.

"어머나, 이 눈 좀 봐."

부리부리한 눈이 눈길을 확 끌었다. 수염을 한 올 한 올 정성스럽게 그린 것도 인상 깊었다. 당시 조선 사회에는 자화상이라는 것이 아예 없었다. 다른 사람이 그려 주는 초상화가 대부분이었는데, 그것도 정면이 70퍼센트 정도 보이는 약간 측면의 초상화가 대세였다고 한다.

공재는 선비나 노인의 일상(〈수하한일도〉, 〈노승도〉), 백성의 삶과 노동을 담은 풍속화(〈경답목우도〉, 〈목기 깎기〉, 〈짚신 삼기〉, 〈나물 캐는 여인〉), 서양의 정물화와 비슷한 그림(〈채과도〉, 〈석류매지도〉) 등 다양한 주제의 그림을 그렸다. 그중에서도 특히 〈자화상〉, 〈정재처사심공진定齋處士沈公眞〉,《12성현화상첩十二聖賢畵像帖》같은 인물화와 〈유하종마도〉, 〈유하백마도〉, 〈군마도〉, 〈마상인물도〉 같은 말 그림이 뛰어났다고 한다.

인물화에서는 색을 사용하지 않고 먹만 사용하여 우아한 필선을 구사하는 백묘白描 화법으로 격조 있는 그림을 추구했다. 특히 〈정재처사심공진〉(일명 〈심득경 초상〉)은 윤두서의 친척이자 친구였던 심득경이 37세의 젊은 나이에 죽자 그를 추억하며 4개월 동안 그린 것으로, 초상화를 받아 든 심득경의 가족이 그가 살아 돌아온 양 반가워했다는 기록이 있다. 순전히 기억에 의지해서 그렸는데 그만큼 닮았다는 것이다. 공재는 인물화를 그리는 데 "터럭 한 올이라도 다르면 그 사람이 아니다."라는 소신을 가지고 있었다고 한다. 요즘 말로 하면 극사실주의라고 할 수 있겠다.

공재는 백성들의 삶에도 깊은 관심을 가졌으며 풍속화를 통해 그런 관심을 시각화했다. 특히 밭 가는 농부, 목기 깎는 사람, 짚신 삼는 사람 등 노동하는 사람들의 움직임과 표정을 섬세하게 표현했다. 선비가 서민층에 관심을 가지고 그림으로까지 표현했다는 것은 그의 학문과 사상이 실학과 관련이 있음을 짐작하게 한다.

특히 〈나물 캐는 여인〉은 비상한 관심을 끈다. 비스듬한 언덕에 선 두 명의 시골 아낙네 중 한 여인은 한 손에 망태기를, 다른 손에 칼을 들고 허리를 굽혀 나물을 캐려고 하는 것 같다. 다른 여인은 고개를 젖히고 주변을 둘러본다. 이들은 일하기 편하도록 머릿수건을 두르고 소매를 걷어붙이고 속바지가 드러나도록 치마를 걷어 올려 묶었다.

구도도 특별하지만 남녀유별 사상이 강하게 작용하던 때였음을 떠올리면 이런 그림이 양반 선비의 손으로 그려졌다는 것은 대단한 일이다. 윤두서의 풍속화는 조선 후기 화단에 김홍도, 신윤복 등 풍속화가 유행하는 계기를 제공했다는 점에서도 중요한 의미가 있다.

그런가 하면 그릇 안에 커다란 수박 등을 모아 놓고 그린 〈채과도〉, 마찬가지로 그릇 안에 석류와 매화 등을 모아 놓고 그린 〈석류매지도〉 등은 서양에서 쓰는 음영법을 사용하여 입체감을 살렸다.

공재는 어떻게 이런 그림들을 그리게 되었을까? 당시 직업화가가 아닌 선비가 그림을 그릴 때는 소치 허련처럼 사의적 문인화를 주로 그렸는데 공재는 그와는 사뭇 다른 그림을 그렸음을 알 수 있다. 당시 그림을 그리는 것은 천한 일로 여겨졌

는데 선비로서 그림을 그렸다는 것, 그것도 새로운 화법으로 그림을 그렸다는 것이 무척 독특하게 보인다. 이러한 모습은 그의 생애를 보면 어느 정도 이해가 된다.

공재는 해남 3부자富者 중 하나인 윤씨 가문의 종손이자 윤선도의 증손자였다. 그는 원래 장자長子가 아니었지만 그의 사주를 본 윤선도가 종손으로 점찍었고, 그 뒤부터 한양에서 살게 되었다. 그는 어릴 때부터 학문이 뛰어나 일찍이 초시에 급제했다. 그러나 숙종 대에 남인과 서인 간에 벌어진 당쟁의 소용돌이 속에서 남인인 그의 집안은 어려운 상황에 처했다.

윤두서가 세상사에 뜻을 잃게 된 것은 정쟁과 관련해 집안을 뒤흔든 몇 가지 사건들 때문이었다. 1691년 친아버지인 윤이후가 관직을 사직하고 은둔하게 된 사건이 있었다. 1696년에는 셋째 형 윤종서가 세자인 동궁을 두둔하고 권신의 횡포를 비판하는 상소를 올렸다가 거제도로 유배되었고 다음 해 한양으로 소환되어 감옥에서 죽었다. 또 1697년에는 이영창 역모 사건에 장인, 큰형 등이 연루되어 큰 위기에 처했다. 우여곡절 끝에 무고로 밝혀져 화를 면했지만 윤두서도 당파 싸움에 휘말릴 수 있음을 보여 주는 사건이었다. 이와 같은 사건들을 겪은 뒤 윤두서는 입신하려는 뜻을 접고 학문과 그림에 정진하는 길을 선택했다.

그 후에도 1706년 친구인 이서와 이익의 형이자 함께 학문을 하던 이잠이 장희빈의 아들인 세자를 옹호하면서 집권당인 서인을 강력히 비판하는 상소를 올렸다가 곤장을 맞고 죽었다. 이후 이서와 이익, 윤두서 형제들은 세상사에 직접 관여하는 것을 더욱 기피하게 되었다고 한다.

윤두서는 윤창서, 윤흥서 등 형제들, 그리고 이서, 이익 등과 함께 뜻을 나누며 새로운 학문과 사상을 모색하고 후학을 기르면서 훗날을 기약했다. 이익은 유형원, 홍대용, 박지원, 정약용 등과 함께 18세기의 대표적 실학자로 『성호사설』을 쓴 인물이다. 그러니 공재의 새로운 학문과 사상은 공리공론에 치우친 성리학을 떠나 '실학'과 깊은 관련이 있고, 현실에 기반을 둔 실득實得의 학문이었다. 이러한 초기 실학 사상은 후에 윤두서의 외증손인 다산 정약용에게 이어져 실사구시의 학문으로 심화된다.

윤두서는 해남으로 내려온 이후 윤씨 가문의 많은 토지와 노비를 관리하면서, 농토를 넓히기 위해 황무지를 개간했고 기근이 들어 굶주리는 빈민을 구휼하기 위해 염전을 만들었으며 노비의 어려운 형편을 보고 노비 문서를 태우기도 했다고 한다. 그가 시대를 앞서가는 개혁적인 사상가였음을 엿볼 수 있다.

윤두서는 새로운 학문과 사상을 회화에 적용했다. 현실의 변화를 담아내기 위해 유학의 변화를 모색하면서 명분론에 집착하는 성리학을 떠나 근본 유학으로 돌아갈 것을 주장했는데, 이러한 고학古學의 이념은 그의 회화에도 나타난다. 회화의 고전적인 규범을 회복하기 위해 윤두서는 중국 육조시대, 즉 동양 회화의 출발점으로 돌아가고자 했고, 이를 위해 중국 작품을 연구했다. 하지만 이 시대에는 육조시대의 작품을 보기가 어려웠다. 윤두서는 중국에서 수입된 각종 화보와 출판물 등을 참고해 자신만의 화법을 만들어 내고자 했다.

이처럼 왕성한 지적 의욕과 깊은 자의식을 가지고 〈자화상〉을 비롯하여 풍속화, 남종화 풍의 산수화, 백묘 화법의 인물화, 서양화법 등을 통해 조선 후기 회화의 새로운 방향과 구체적인 방법론을 제시했다. 오늘날 윤두서는 진경산수화로 유명한 겸재 정선과 비교해 낮은 평가를 받고 있지만 18세기 당시에는 겸재보다 높은 평가를 받았고 추사 김정희도 그를 훨씬 높이 평가했다고 한다. 그가 47세에 일찍 세상을 떠났기에 더욱 농익었을 후기 그림을 볼 수 없는 점이 안타깝다.

두 번째 해남 방문 때도 녹우당은 여전히 공사중이어서 못 보았지만 윤선도기념박물관은 다행히 열려 있어서 공재의 그림들을 직접 볼 수 있었다.

박물관에서 나오는 길에 고정희 생가라는 입간판이 붙어 있는 것을 보았다. 고정희 시인은 한때 '또 하나의 문화'에서 같이 활동한 적이 있고 남이섬에도 같이 간 적이 있는 분인데, 어느 날 산에 갔다가 사고로 별세했다는 소식을 들었다. 젊은 나이였다. 시간이 나지 않아 그녀의 생가에 들르지 못한 것이 아쉬웠다. 근처에는 '백련재 문학의 집'도 있었다. 이렇게 많은 박물관, 기념관 등을 보니 '예술의 고장, 해남'이라는 이름에 절로 고개가 끄덕여졌다.

고산 윤선도, 보길도에 이상향을 꾸린 비판적 지식인

"내일부터 비가 온대요."

저녁에 식당에 갔는데 다음 날부터 내내 비가 올 거라는 이야기를 들었다. 급한 마음에 다른 일정을 모두 취소하고 고산 윤선도(1587~1671)가 여생을 마친 보길도부터 가기로 했다. 그곳은 섬이라서 날씨가 나쁘면 갈 수가 없기 때문이었다.

다음 날 아침, 배를 타러 나가는 길에 제자 복희에게 전화했다. 시간이 되면 같이 가 줄 수 있겠냐고 물었는데, 흔쾌히 좋다고 했다. 우리가 보길도행이 처음이라 그곳을 아는 사람이 같이 가면 좋겠다는 생각이었는데 정말 잘되었고 고마운 일이었다.

갈두항 대합실에서 배를 기다리면서 돌아오는 배가 몇 시에 있는지 물었는데 담당자가 확실하게 대답하지 못했다. 이미 오후부터 비 오고 강풍 분다는 예보가 났다는데 우리만 모르고 있었다. 강풍이 불면 운항을 정지할 수 있고 그러면 우리는 꼼짝없이 보길도에 발이 묶이는 것이었다. 복희는 알고 있었지만 우리가 겁먹을까 봐 이야기하지 않았단다. 복희가 제자인데도 거꾸로 스승인 나를 돌봐 주는 어른이고, 내가 애가 된 것 같았다. 그만큼 배려하는 마음이 깊었다. 우리는 보길도에서 관람만 하고 비가 오기 전에 빨리 나오기로 했다.

10시 30분 배를 탔다. 배는 생각보다 컸다. 차도 태우고 사람도 태우는 배였다. 차에서 내려 2층 선실로 올라갔는데 생각보다 조용했다. 배는 보길도까지 가는 것이 아니라 노화도로 간 다음 거기서부터는 차로 가야 했다.

보길도에 도착해서 윤선도문학관에 들렀다가 원림의 기념관으로 갔다. 원림은 자연의 산이나 물, 바위 등에 인공을 가미해 만든 정원을 말한다.

대쪽 같은 성격으로 직언을 서슴지 않았던 윤선도는 그 말과 성격 때문에 여러 번 유배를 갔다. 병자호란 때 인조가 피난했다는 강화도로 갔다가 이미 항복했다는 소식을 듣고 실망하여, 세상을 등지고자 제주도로 가는 중에 이곳 보길도를 보고는 마음에 들어 은거하게 되었다고 한다. 그는 보길도에 세연정, 동천석실, 곡수당, 낙서재 등을 갖춘 아름다운 정원과 집을 짓고 자연을 즐기면서 시와 차를 음미하는 신선의 삶을 살았다. 보길도에서 윤선도의 자취를 따라가다 보니 그가 세속을 벗어나 진정한 풍류를 즐겼다는 느낌이 들었다. 나는 성격이 내향적이어서 대학에서도 학회에서도 사람들과 잘 어울리지 못하는 편이라 혼자 사는 법을 익히려고 애썼는데 윤선도야말로 혼자 사는 법, 혼자 노는 법을 잘 알고 있었던 모양이다.

기념관의 '숫자로 만나는 윤선도'라는 소개가 흥미로웠다. 숫자 8은 '시무8조소', 16은 유배 생활 16년, 75는 그가 지은 시조 75수, 84는 그가 살았던 84년 등으로 설명이 되어 있었다. 윤선도를 「어부사시사漁父四時詞」나 「오우가五友歌」를 지은 문인으로만 알았는데, '시무8조소'를 지은 비판적 지식인이라는 것을 알게 되었다. 나중에 찾아보니 윤선도를 '비판적 지식인'으로 고찰한 책과 논문도 있었다. 사회학자인 나로서는 관심이 쏠릴 수밖에 없었다.

기념관에서 나오면 바로 원림으로 이어진다. 원림이 위치한 마을은 산세가 마치 부용꽃 모양이라 부용동이라고 이름 지었다고 한다. 오늘날 부용꽃은 무궁화꽃과 비슷하게 생겼는데 꽃잎이 더 큰 꽃을 가리킨다. 그러나 예부터 고전문학에서는 연꽃을 부용꽃이라고 표현하기도 했다고 한다. 그러니 부용동이란 연꽃 모양 마을이란 뜻이 되겠다.

세연정 가는 길에는 동백꽃이 떨어져 온통 붉은 꽃잎으로 뒤덮여 있었다. 백련사 동백숲길에도 동백나무가 많았지만 사람들이 지나다니는 길이라 떨어진 꽃들이 길가에 모여 있었는데 이곳은 사람들의 왕래가 별로 없어서인지 둥그런 언덕이 동백꽃으로 가득해 그대로 한 폭의 그림 같았다.

"우와, 이 동백꽃들 좀 봐."

이전 같으면 "이쁘네" 하고 그냥 지나쳤을 텐데 이번에는 그러지 않았다. 나는 그 속으로 달려들어가 나무 그늘에 앉았다. 이제부터는 하고 싶은데도 참거나 점잔 빼지 않고 하고 싶은 대로 다 하고 살아야겠다고 생각했다. 나중에 읽은 『80세의 벽』이라는 책에서 저자는 건강 수명을 연장하는 방법에 두 가지가 있는데 하나는 "그만두지 않기" 또 하나는 "참지 않기"라고 했다. "자신의 마음을 중시하기"가 더 건강 수명 연장에 좋다는 것이다. 나와 생각이 비슷하다.

아름드리나무에 커다란 바위가 있는 계곡을 지나 더 걸어 들어가니 세연정이 보였다. 세연정은 주변의 경관이 물에 씻은 듯 깨끗하고 단정해 기분이 상쾌해지는 곳이라는 뜻이다. 세연정 바로 앞에 있는 연못은 인공으로 파서 만든 것이라고 하

는데, 연못가의 멋스러운 소나무와 물속 바위가 기가 막히게 어우러졌다. 세연정은 시원하게 트인 건축물로, 문을 올리면 시원한 대청마루 정자가 되고 문을 내리면 방이 되는 구조였다. 윤선도는 여기에 친구들을 불러 연회를 베풀고 시를 지으며 즐겼다고 한다. 높은 마루에 앉아 연못을 내려다보니 경치가 일품이었다. 여름에 연꽃이 피면 더욱 아름다울 것 같았다. 시원할 뿐 아니라 시 한 구절이 절로 나올 것 같은 분위기였다. 걱정거리는 잠시 잊었다. 신선놀음이 따로 없었다.

세연정을 나와 서둘러 간 곳은 낙서재였다. '책을 즐기며 살겠다'라는 뜻으로 붙인 이름이라고 한다. 세연정이 손님을 접대하고 유희를 즐기는 공간이라면, 낙서재는 윤선도의 공부 공간이자 생활 공간이었던 것 같다. 옆에 조상을 모신 사당과 살림집도 있었다. 윤선도의 아들이 근처 곡수당에 살면서 문안을 드렸다고 한다.

낙서재 툇마루에 앉으니 바로 맞은편의 나무가 울창한 산 중턱에 커다란 바위들이 보였다. 바로 동천석실이었다. 여름에는 그곳에서 더위를 식히고 차도 마시고 했던 모양이다. 세연정, 낙서재, 동천석실을 오가려면 하루가 몹시 바빴을 것 같다. 문득 윤선도는 동천석실에서 무슨 차를 마셨을지 궁금했다. 그 동네에서 황칠나무를 많이 보았는데 그것으로 차를 우려 마셨을까?

윤선도가 살았던 시절은 임진왜란, 병자호란이 일어난 격농의 시기였다. 그는 벼슬자리에 나간 이후 임금들의 총애를 받았으나, 꼬장꼬장한 성품으로 직언을 서슴지 않아 다른 사대부나 정적들의 시기와 모함을 받았다. 예컨대, 이이첨 등 권력 있는 신하들이 임금을 제대로 모시지 않고 권세를 휘두르는 것을 노골적으로 비판한 병진소(30세, 광해군 8년, 1616), 백성들의 원성이 자자한 밭 측량법의 불합리한 면을 지적한 을해소(49세, 인조 13년, 1635), 임금이 나라를 다스림에 있어 꼭 필요한 여덟 가지를 건의한 시무8조소(66세, 효종 3년, 1652) 등 여러 상소문을 올려 정치계에 파란을 일으켰고, 이로 인해 수차례 파직이나 유배를 당했다. 그러나 그는 자신이 나서야 할 때라고 생각하면 후과를 두려워하지 않았다.

그런가 하면 윤선도가 남긴 시조 75수는 국문학사에서 시조의 최고봉으로 일컬어진다. 송강 정철과 함께 조선의 양대 시인으로 손꼽히는 윤선도는 시조에 한글의 아름다움을 살려 자연과의 화합을 노래한 것으로 유명하다. 그의 대표작 중 「산중신곡山中新曲」, 「산중속신곡山中續新曲」은 영덕 유배에서 돌아온 뒤 해남의 금쇄동에서 쓴 것이다. 그는 살아생전에 자신이 은거할 원림 네 곳을 만들었는데, 해남에 수정동, 문소동, 금쇄동을, 보길도에 부용동을 꾸몄다. 선대로부터 물려받은 해남의 녹우당도 뛰어난 원림에 속한다.

「산중신곡」 18수 중에는 「만흥漫興」 6수와 우리에게 잘 알려진 「오우가」 6수가 포함되어 있다. 나는 「만흥」 제1수 "산수간 바위 아래 뛰집을(초가집을) 짓노라 하니/ 그 모르는 남들은 웃는다 한다마는/ 어리고 하얌의 뜻은 내 분인가 하노라."와 제2수 "보리밥 풋나물을 알마초(알맞게) 먹은 후에/ 바위 끝 물가에 슬카지(실컷) 노니노라/ 그 남은(그 밖에) 여남은 일이야 부러워할 줄 이시랴(있으랴)."를 보면서 예이츠William Butler Yeats의 시 「이니스프리 호수 섬The Lake Isle of Innisfree」이 떠올랐다.

그 시에는 "거기서 진흙과 가지로 작은 오두막집을 지으리라/ 아홉 이랑 콩밭을 일구고 꿀벌 집을 지으리라/ 그리고 벌이 웅웅대는 숲에서 홀로 살리라."라는 구절이 나온다. 자연 속에서 살고 싶어하는 작가들의 마음이 비슷하다는 생각이 들었다. 이 모두 이상향, 마음의 고향을 그리는 마음이라 할 수 있다.

「오우가」는 물, 돌, 소나무, 대나무, 달을 다섯 벗으로 삼았다. "나의 벗이 몇인가 헤아려 보니 물과 돌과 소나무, 대나무이다/ 동쪽 산에 달이 밝게 떠오르니 그것은 더욱 반갑구나/ 두어라. 이 다섯 가지면 그만이지 더 있다 한들 무엇하겠는가." 이 서시 다음에 각각 다섯 벗의 특징을 들어 자연을 사랑하는 마음을 그려 낸다.

금쇄동에서 자연과 하나가 되는 삶을 표현한 윤선도는 보길도에서 최고의 한글 시조인 「어부사시사」를 지었다. 「어부사시사」는 윤선도가 보길도에서 본 어부들의 삶과 배가 나가고 들어오는 모습을 계절에 따라 총 40수로 생생하게 묘사했다. 시조 속 어부는 생계로 고기를 잡고 사는 어부라기보다는 유유자적하며 자연을 즐기는 자신의 모습을 닮았다. 시조는 봄, 여름, 가을, 겨울에 어촌의 풍경이 어떻게 변하는지 색깔과 소리로 묘사한다. 한자를 숭상하던 시절에 한글로만 시조를 쓴 것도 놀랍다. 어부들의 일상과 언어에 익숙해지다 보니 자연스럽게 그들의 언어로 시조를 쓰고 싶었던 것은 아닐까? 우리 말의 아름다움이 이 시조에서 돋보이며, 특히 모든 수에 나타나는 '지국총 지국총 어사화'라는 돌림글은 요즘 노래에서 볼 수 있는 현대적인 운율감이 느껴진다. 찌그덩 찌그덩 어여차, 노를 젓는 어부들이 글 속에서 튀어나와 살아 움직이는 느낌이다.

어떻게 이렇게 느낌이 생생한 시조를 쓸 수 있었을까? 세연정과 낙서재, 동천석실을 오가기도 바빴을 텐데 언제 이런 장면들을 보았을까? 몹시 궁금했다. 관련 책을 읽어 보니 이 시조의 소재가 된 포구는 황원포로 추정된다고 한다. 황원포는 세연정과 멀지 않은 곳에 있는 데다 세연정 뒤편의 옥소대에 올라서면 그곳 전경이 고스란히 눈에 들어온다. 아, 여기서 내려다보았겠구나! 이해가 되었다.

「어부사시사」는 원림의 잘 다듬어진 비석에서도, 울퉁불퉁한 돌에서도 볼 수 있지만, 전시관에서 보여 주는 미디어 아트 또한 압권이다. 시조 속 사계절을 따라 나무들은 연두색, 초록색, 단풍색, 하얀 눈으로 뒤덮인 흰색 등 다양한 색깔로 변하며, 찌그덩 찌그덩 노를 젓는 소리 등 시청각을 통한 생생한 묘사가 시조 속으로 깊이 빠져들게 한다.

보길도에서 가장 아름다웠던 것은 뭐니 뭐니 해도 어머니의 젖가슴처럼 부드럽게 이어진 산 능선과 그 아래 펼쳐진 연초록빛 논, 그리고 노란 유채꽃이 핀 밭이었다. 제주도와 서울 서래섬에서 유채꽃밭을 보았지만 유채꽃이 과연 이렇게 고왔던가 싶다. 밭고랑 사이로 걸어가는데 연초록색과 노란색이 어울려 어찌나 아름다운지 영화의 한 장면 같았다. 어디선가 〈서편제〉의 배우 오정해가 불쑥 나타나서 부채를 탁 펼치며 판소리를 한 자락 뽑을 것만 같은 느낌이었다.

오후의 강풍 예보 때문에 혹시 배가 끊길까 봐 조마조마해서 점심도 안 먹고 서둘러 보길도를 떠나려고 했다. 그런데 차를 타고 나오는 길에 작은 가게 앞에 복희가 내렸다. 이곳의 황칠 막걸리가 유명하다는 것이다. 아쉽게도 가게 주인이 자리를 비워 사지 못하는가 싶었는데, 한참 내려가서 들어간 작은 슈퍼에서 놀랍게도 그 가게 주인을 만났다. 이런 우연이 있을 수가! 시간에 쫓기느라 보길도를 다 못 보아서 아쉬움이 많았는데 황칠 막걸리와 황칠 소주라도 가지고 돌아갈 수 있어서 흐뭇했다.

영랑 김윤식, 사투리로 고향을 노래한 시인

일제강점기와 해방 후에 활동했던 시인 영랑 김윤식(1903~1950)은 강진에서 태어났는데, 그의 생가가 있다고 해서 찾아갔다.

영랑 생가는 초가집으로 된 안채와 사랑채, 문간채 등 세 동만 있었지만 꽤 넓었다. 부잣집이었던 모양이다. 안채와 사랑채는 담장으로 나뉘어 있고 문도 여러 개였다. 영랑이 시의 소재로 삼았던 샘과 장독대가 있고 뒤뜰에는 오래된 동백나무들도 보였다. 정원에는 모란꽃을 심고 곳곳에 영랑의 시비가 서 있었다. 「모란이 피기까지는」, 「돌담에 속삭이는 햇발」 같은 아름다운 서정시들이다. 일제강점기에 시인 영랑이 어떤 시를 쓸 수 있었겠는가? 그의 시들은 직접적이지는 않지만 민족해방을 향한 애절한 염원을 담고 있는 것 같았다. 실제로 그는 창씨개명과 신사 참배를 거부했다고 한다.

"북에 소월이 있다면 남에는 영랑이 있다."고 할 정도로 영랑의 시는 서정시의 극치를 이룬다고 평가되고 있다. 그의 서정시 대부분이 강진의 자연을 노래한 것인데, 함께 휘문의숙을 다녔던 시인 정지용은 "영랑은 섬들이 오리 새끼들처럼 잠방거리는 다도해 연안의 따스한 인정과 풍물을 그의 짜 늘인 듯한 섬세한 가락으로 탄주하여 우리의 심금을 울려 주고 있다."라고 극찬했다. 영랑의 서정시 가운데 「모란이 피기까지는」은 김소월의 「진달래」, 미당 서정주의 「국화 옆에서」와 함께 가장 많이 사랑 받는 시라고 할 수 있다.

영랑은 또한 구수한 호남 사투리로 시를 썼는데 「모란이 피기까지는」에서 "나는 나의 봄을 기둘리고 있을테요"의 "기둘리고"가 기다리고의 사투리이다.「오매 단풍 들것네」의 "오매"와 "들것네"도 사투리이고「어덕에 바로 누어」의 "어덕"도 언덕의 사투리이다. 사투리를 영랑만큼 정화해서 쓴 시인은 없었다고 한다. 사투리와 그 억양까지 살리는 듯한 시구가 독특한 면모를 보여 준다. 이는 그가 창과 국악에 관심을 보인 일과 관련이 깊은 것 같다.

그는 휘문의숙과 일본 아오야마靑山 학원에서 공부할 때와 해방 후 공보부에서 일할 때를 제외하고는 강진을 떠나지 않았다고 한다. 뿌리부터 강진 사람이고, 호남 사람이었던 것이다. 영랑의 시를 읊다 보니 프로방스 사투리로 주옥 같은 단편소설을 쓴 알퐁스 도데가 머릿속에 스쳐 갔다.

영랑은 휘문의숙에 다닐 때 3·1운동이 일어나자 구두 속에 독립선언서를 깔아 감추고 강진으로 내려왔다. 강진에서 학생운동을 모의하던 중 체포되어 6개월 동안 옥고를 치렀다. 결국 휘문의숙을 마치지 못했고 1920년 성악을 공부하려고 일본으로 갔으나 부모의 반대로 영문학을 공부하게 되었다고 한다. 그가 번역한 시 중에 내가 좋아하는 예이츠의「이니스프리 호수 섬」이라는 시도 포함되어 있어서 신기했다.

그는 휘문의숙에서 이태준, 정지용, 박종화, 홍사용 등과 선

후배로 만났고, 아오야마 학원 시절에는 혁명가 박열(그에 관한 영화가 나오면서 비로소 대중에게 알려졌다.)과 한 방을 썼으며 박용철을 만났다. 박용철은 아오야마 학원 동창일 뿐 아니라 고향이 강진에서 가까운 송정으로 동향인이라 우의가 두터웠다. 두 사람은 평생의 친구가 되었으며 후에 김영랑은 박용철이 창간한 순수문학지 『시문학』의 동인으로 참여하게 된다.

『시문학』은 당대를 풍미했던 프로문학Proletarian Literature, 카프KAPF 문학 등의 문예사조에 휩쓸리지 않고 이 땅에 순수문학을 뿌리내리게 한 모태가 되었으며, 시를 언어예술로 인식하고 순수문학을 옹호하는 시인들이 동참했다는 점에서 한국 근대시 역사에서 중요한 흐름으로 여겨진다. 박용철은 나중에 『영랑시집』도 내 주었다.

영랑 생가 입구에 시문학파 기념관이 있는데, 기념관 앞에는 『시문학』 창간을 주도했던 김영랑, 정지용, 박용철의 3인상이 있다. 그 옆으로 1930년 3월에 발행된 『시문학』 창간호 표지와 여기에 참여한 여섯 명의 시인이 함께 찍은 사진이 커다란 책 모양의 돌에 새겨져 있다. 앞줄에 김영랑, 정인보, 변영로, 뒷줄에 이하윤, 박용철, 정지용이 보인다.

그런데 『영랑시집』이 간행된 이후 영랑의 시 세계는 전혀 다른 방향으로 전개되었다. 죽음, 망국인의 비애와 좌절감이 보이는데, 이는 「거문고」, 「독을 차고」, 「묘비명」 등에 나타난다. "검은 벽에 기대선 채로/ 해가 스무 번 바뀌었는디/ 내 기린은 영영 울지를 못한다"(「거문고」), "나는 독을 차고 선선히 가리라/ 막음 날 내 외로운 혼 건지기 위하여"(「독을 차고」), "날마다 외롭다 가고 말 사람/ 그래도 뫼 아래 비돌 세우리"(「묘비명」). 이토록 음울한 시를 쓴 것은 일제 침략의 야욕이 가열되어 제2차 세계대전으로 확대되고 우리의 앞날은 더욱 암담해지던 시대 상황 때문이 아닌가 한다.

해방이 되자 영랑의 시에서는 죽음이나 무덤의 의식이 사라지고 삶의 의욕과 환희로 충만해진다. 「바다로 가자」, 「천리를 올라온다」 등의 시가 그 예이다. 그러나 이것도 잠시, 좌우 이념 대립과 갈등, 한국전쟁의 발발로 동족상잔의 비극이 발생하자 「새벽의 처형장」, 「절망」 등의 시에서 시대상을 개탄했다. 나는 그의 직설적인 시보다는 간접적이고 순수하고 맑은 서정시들이 훨씬 더 마음에 든다.

후에 영랑은 열 살 아래인 미당 서정주를 만나 가까워졌고 미당은 영랑의 부탁으로 『영랑시선』을 발간하게 된다. 영랑은 자기의 시에 자신감을 가지고 있었던 듯, 미당에게 "왕관은 니가 써라, 내가 줄 테니…."라고 말했다고 한다.

영랑 생가에는 어마어마하게 커다란 은행나무가 세월을

말해 준다. 집을 둘러싼 대나무숲에서는 바람이 불 때마다 쏴쏴 소리를 냈다. 세상에서 잠시 비켜난 것 같은 이런 공간이 있었기에 영랑이 그토록 순수하고 맑은 시들을 쓸 수 있지 않았을까.

2장

프로방스를 사랑한 예술가들

폴 세잔, 자기만의 방식을 고집한 화가

남도와 프로방스는 산과 바다가 어우러진 아름다운 자연을 품고 있어 예부터 문인과 화가가 많이 배출되었다. 남도의 대표적인 화가로 산수화와 묵모란을 그린 허련과 인물화와 풍속화를 그린 윤두서가 있다면, 프로방스에는 세잔과 고흐가 있다. 세잔은 엑스의 생트빅투아르산을 중심으로 하는 풍경화를 그렸고, 고흐는 프로방스의 풍경과 해바라기꽃이 담긴 정물화, 자화상을 그렸다.

폴 세잔Paul Cézanne(1839~1906)은 엑상프로방스에서 태어나 파리에서 활동하다가 고향으로 돌아와 주변의 자연을 그림으로 완성했다. 그런 만큼 엑스는 세잔의 도시라 해도 과언이 아니다. 엑스에서 세잔의 흔적은 여기저기 널려 있지만, 우선 그의 아틀리에에 가 봐야 한다. 아틀리에는 엑상프로방스의 북쪽에 위치하고 있다.

어느 일요일, 우리는 생소뵈르 성당에서 미사를 보고 간단하게 점심을 먹은 후 길을 나섰다. 아직 4월인데도 한낮의 태양은 뜨거웠다. 생소뵈르 성당에서 계속 북쪽으로 가다가 구시가지 끄트머리에서 오른쪽으로 꺾으면 '폴 세잔' 거리가 나온다. 언덕길이라 땀을 닦으며 한참 올라가니 '세잔 아틀리에'라는 작은 간판이 달린 빨간 문이 나왔다. 그곳으로 들어가니 덧문이 달린 2층집이 있었다. 1층 매표소에는 세잔의 그림을 담은 카드들이 꽂혀 있었다.

아틀리에는 2층에 있었다. 세잔이 말년에 4년을 보내고 생을 마감하기 직전까지 작품에 몰두했던 곳으로 생전 모습 그대로 보존되어 있었다. 세잔의 체취가 뭉클 났다. 얼핏 보면 뭐 이런 곳까지 돈 받고 관람하게 하나 싶을 정도로 수수한 방 한 칸에 불과하다. 하지만 자세히 보면 느낌이 완전히 달라진다. 특히 영상으로 보여 주는 세잔의 그림들을 보고 아틀리에의 정물을 보면, 테이블 위에 놓인 과일과 주전자, 병, 해골 등의 정물이 하나하나 살아나는 것 같은 느낌이다. 벽에는 세잔이 야외 작업 때 사용했던 화구 가방과 외투도 걸려 있어 마치 세잔이 잠깐 집을 비운 사이 들어와 있는 것 같다.

관람을 마치고 아래층으로 내려와서 생트빅투아르산 그림이 있는 카드를 몇 개 샀다. 하얀 돌산이지만 다 다른 모습이다. 밖으로 나오니 햇빛이 쨍쨍했다. 다행히 건물 앞에 커다란 나무가 있고, 그늘 아래 벤치가 있었다. 앉아 있으니 바람이 시원했다. 건물 유리창에 덧문이 달려 있는데 열린 창문 사이로 하얀 레이스 커튼이 바람에 하늘거렸다.

한참을 쉬다가 건물을 한 바퀴 돌아 뒤로 가 보았다. 건물을 둘러싸고 나무들이 무성하게 우거져 있었다. 주변에 소리 하나

없이 아주 조용했다. 세잔은 말년에 이곳에서 생트빅투아르산을 그리는 것 외에는 어느 누구도 가까이하지 않았다고 한다.

로브Lauves 언덕에도 다녀왔다. 로브 언덕은 세잔이 생트빅투아르산을 그린 곳으로 '화가의 땅Terrain des Peintres'이라고 불린다. 세잔의 아틀리에에서 15분 정도 언덕을 올라가야 하는데, 처음 아틀리에에 방문했을 때는 길을 찾지 못했다. 두 번째 방문했을 때에도 헤맸지만, 알리앙스에서 배운 짧은 프랑스어로 물어물어 마침내 찾아갔다. 언어를 전혀 모르는 것과 조금이라도 아는 것은 커다란 차이가 있다!

그곳에서는 마을과 들이 모두 발아래 시원하게 내려다보였다. 무엇보다 세잔이 그린 바로 그 각도로 생트빅두아르산이 보였다. 생트빅투아르산은 세잔이 가장 사랑한 모티브였다. 세잔이 매일 그곳에서 그림을 그리는 모습이 그려졌다. 세잔은 생트빅투아르산을 80여 회나 그렸는데 그림이 모두 달랐다. 모양이 비슷하면 색깔이 다르거나, 나무가 있거나 없거나 차이가 있다.

1906년 10월 15일, 세잔은 로브 언덕에서 생트빅투아르산을 그리다가 폭우를 만났다고 한다. 급히 그림 도구를 챙겨서 아틀리에로 돌아왔으나 심하게 앓았고 사흘 후에 세상을 떠났다. 죽기 직전까지 이 산을 그리는 데 매달린 것인데, 그의 열정이 존경스러우면서도 애처로웠다.

프랑스에 오래 살았던 미란 씨가 엑스에 찾아왔을 때 우리는 함께 코몽 아트센터 Hôtel de Caumont를 방문했다. 마침 세잔의 생애와 그림을 다룬 영화를 상영한다는 광고를 보았기 때문이다.

코몽 아트센터는 마자랭 거리에 있는데, 18세기에 코몽이라는 귀족이 살았던 저택을 미술관으로 운영하고 있다. 우아한 건물뿐 아니라 예쁜 정원과 카페로도 유명하다.

들어가자마자 영화를 보았다. 날씨가 뜨거워서 에어컨이 나오는 시원한 상영관에 들어간 것만으로도 좋았다. 엑스에서는 레스토랑이나 카페에 가면 대부분 밖에 앉기 때문에 실내에 들어갈 일이 별로 없었다.

영화는 세잔이 생의 마지막에 생트빅투아르산을 그리다가 폭우를 만나 세상을 떠나게 된 이야기로 시작해서, 아버지의 반대로 좋아하는 그림을 못 그리고 법학 공부를 하다 그만둔 일, 에밀 졸라Émile Zola와의 우정, 파리에서 아내 오르탕스를 만난 일, 아내와 아들을 10여 년간 숨겨 두고 아버지에게 말하지 않은 일, 마침내 아버지의 허락으로 자드부팡Jas de Bouffan에서 그림을 그리게 된 일, 화가 친구들과의 우정 등 세잔의 생애를 30여 분 동안 보여 주었다. 세잔의 생애가 더 감명 깊게 다가왔다.

세잔의 생애가 궁금해서 엄청나게 크고 두꺼운 세잔의 도록도 샀다. 영어로 된 설명서에 의하면 세잔은 어릴 적부터 목탄을 가지고 낙서하기 좋아했으며 소년 시절에는 같은 마을 출신인 에밀 졸라와 함께 근교의 아르크 강가나 비베뮈스의 채석장으로 놀러 다녔다고 한다. 특히 채석장에서 잘린 바위의 멋진 색채와 조형미에 매료되어 이후에도 자주 드나들었으며, 이 부근의 풍경은 훗날 그의 작품에 여러 차례 등장한다.

22세 때 그는 엑상프로방스의 법과대학을 그만두고 화가가 되기 위해 파리로 떠난다. 그러나 파리의 분위기에 적응하지 못했는지 금방 엑상프로방스로 돌아온다. 그 후 몇 번 더 파리에 갔으나 돌아왔고 죽을 때까지 고향을 떠나는 일 없이 주변의 자연을 모티브로 계속 그림을 그렸다. 이는 비슷한 시기에 남도에 살았던 소치 허련의 활동과 여러모로 대비된다. 허련은 나이가 들어서도 세상의 인정을 갈구했고 사물의 실제 묘사보다 내적 영감을 중시하는 남종화를 자신만의 화법으로 발전시켰다. 이에 비해 세잔은 고향에 머물며 혹독하고 고독한 탐구를 통해서 근대 회화의 흐름을 바꾼 작품을 탄생시켰다.

1900년(61세)경부터는 세잔의 재능과 독특한 화풍이 널리 알려지기 시작했다. 그리고 "자연의 모든 형태는 원기둥과 구, 원뿔에서 비롯된다."는 견해를 밝힐 만큼 자연을 단순화된 기본적인 형체로 집약하고, 색채와 붓 터치로 입체감과 원근법을 나타내는 새로운 기법으로 회화의 또 다른 가능성을 보여 주었다. 아쉽게도 세잔은 생전에 세상 사람들의 호평을 받지 못했고 엑스 사람들 또한 그를 냉대했다고 한다. 1921년까지 엑스의 그라네 미술관 관장을 역임한 앙리 퐁티에는 "내가 살아 있는 동안에는 세잔의 그림을 이 미술관에 들여놓지 않겠다."고 선언했을 정도였다. 세잔의 유화 8점이 이 미술관에 들어온 것은 그가 세상을 떠나고 약 80년이 지난 1984년이라고 한다. 이것은 세잔이 세상의 요구와 타협하지 않고 자기만의 세계를 추구했기 때문일 것이다. 어찌 보면 그의 그림은 시대를 너무 앞서간 것이다.

세잔은 "주변을 자세히 보고 이것을 자신만의 방식으로 묘사하고 설명"하기 위해 노력해야 한다고 했다. 어떻게 묘사할 것인가라는 화두에 매달려 일생을 보낸 것이다. 그랬기에 기존의 원근법 대신 사물을 입체적으로 이해하고 표현하고자 한

큐비즘이라는 근대 회화의 새 장을 열 수 있었던 것이리라.

코몽 카페는 품위 있고 고급스러웠다. 유서 깊은 건물 내부는 18세기 식의 우아한 가구로 꾸며져 있었다. 나무가 우거지고 꽃이 핀 바깥 정원에도 테이블과 의자가 놓여 차를 마시거나 음식을 먹을 수 있었다. 안팎의 분위기가 모두 고급스러운데 특히 밖의 정원 카페가 예쁘고 우아했다. 작은 분수 주변에 하얀 꽃들이 탐스럽게 피어 있고 계단을 내려가면 가문의 문장 모양으로 조성한 멋진 정원이 펼쳐진다. 코몽 카페를 나와 마자랭 거리를 지나면 로통드 분수를 볼 수 있다. 분수 옆에는 엑스를 대표하는 화가 세잔의 동상이 서 있다. 등에 캔버스와 화구를 짊어진 모습이다.

세잔의 생애 중에 세잔이 아버지의 뜻을 따라 법학 공부를 했다가 중단하고 그림을 그렸다는 것이 인상에 남았다. 엉뚱하게 내 생각이 나서였다. 나는 고3 때 성적이 좋아서 담임 선생님이 법대를 가라고 열심히 설득했다. 하지만 나는 영문학과를 가겠다고 고집했고, 선생님은 내 고집을 꺾지 못했다. 법대를 가면 앞길이 보장되어 있다는 걸 알았지만 내 마음은 영문학과에 있었다. 그때 이미 글을 쓰고 싶은 마음이 있었던 것일까? 대학 입학 면접 때 "자네는 왜 영문학과에 지원했는가?"라는 송욱 교수님의 질문에 "5개 국어를 배워서 세계를 여행하고 그

걸로 글을 쓰고 싶습니다."라고 대답했던 걸 보면 궁극적인 꿈은 글을 쓰는 데 있었던 것 같다. 하지만 나는 어쩌다 보니 전공을 바꾸어 사회학자가 되었고 뜻하지 않게 법학전문대학원 교수까지 되어 버려서 내 글은 딱딱한 논문 형식을 띠게 되었다. 아프고 나서야 비로소 내 글을 써야겠다는 생각이 들었다. 정말 먼 길을 빙빙 돌아왔고 늦었지만 지금이라도 이렇게 글을 쓰고 있으니, 어릴 적 꿈이 마음속에 억눌려 있다가 어느 시점에 터져 나온 것은 아닐까 싶다. 그렇게 생각하면 어릴 적 꿈의 힘이란 참으로 놀라운 것이다.

세잔이 살았다는 자드부팡이라는 전원 저택은 엑스 외곽에 있다. 지금은 세잔 기념관이 된 곳이다. 우리는 시내버스를 타고 그곳에 다녀왔다. 세잔의 가족은 자드부팡에서 1859년부터 1899년까지 40년을 살았는데, 세잔이 47세 때 아버지가 세상을 떠나면서 유산으로 받게 되었다고 한다. 나중에 세잔은 이 집을 팔아 엑스에 아파트를 얻고 아틀리에를 지으면서 이곳을 떠났다.

저택은 높은 나무가 양쪽으로 심어진 넓은 정원 안쪽에 자리하고 있었다. 국가 관리 문화재라 가이드를 통해서만 관람할 수 있었다. 건물 안으로 들어가니 세잔이 20대에 그린 그림을 볼 수 있었다. 탁 트인 아래층 응접실이 세잔의 제1아틀리에,

꼭대기 왼쪽에 박공을 걷어 내고 유리문을 설치한 곳이 제2아틀리에였는데, 천장이 벗겨져 있는 등 관리가 잘 된 것 같지는 않았다.

뒷문을 통해 밖으로 나오니 유명한 밤나무길이 있었다. 세잔의 그림에는 이 밤나무길과 함께 오렌지나무 정원이 자주 등장한다. 우리는 가이드의 설명을 들으며 세잔의 시각을 따라 실제 풍경과 그림을 비교했다. 왜 한쪽 그림에는 물에 그림자가 비쳤는데 다른 쪽에는 없는지, 왜 자드부팡을 기울어지게 그렸는지 등. 저택 주변을 거닐며 세잔이 지내던 시간 속으로 빠져들었다.

꿈과 열망을 자신만의 방식으로 표현한 고흐

아를에는 여러 번 다녀왔다. 고흐의 흔적을 보고 싶어서였다. 고흐는 프로방스 출신은 아니지만 프로방스에서 가장 많은 작품을 남겼기 때문이다.

우리가 탄 시외버스는 아를로 직행하는 것이 아니라 중간중간 작은 마을에 들러 손님을 내리고 태우느라 시간이 많이 걸렸다. 아를 버스정류장에 도착하니 마침 장날인지 시장이 크게 열려서 어디가 어딘지 분간하기 힘들었다. 간신히 관광안내소를 찾아 지도를 받고 구시가지로 향했다. 제일 먼저 간 곳은 생트로핌 성당이 있는 광장이었다. 가운데에 높은 기념비가 서 있고 카타콤 박물관도 있었다. 성당 구경을 하고 나서 골목으로 사람들을 따라 올라갔다.

놀랍게도 고대 극장과 커다란 원형경기장이 나타났다. 남부 프랑스 특유의 풍경을 기대했건만 고대 로마 유적들이라니! 알고 보니 아를은 로마제국 때 번성했던 도시로, 로마와 로마네스크 건축물이 유네스코 세계문화유산으로 등재되어 있었다. 고대 극장은 많이 허물어진 듯 보였지만 품격이 있었다. 언덕을 올라 원형경기장 옆 카페에 앉아 커피를 마셨는데, 아침 햇살을 받은 원형경기장은 아름답고 완벽했다. 규모는 로마의 콜로세움보다 약간 작지만 상당히 크고 보존 상태도 아주 좋았다. 지금도 그곳에서 여러 행사를 하는 모양이었다.

론강으로 가는 길에 포룸 광장Place du Forum에 들렀다. 넓은 광장이 온통 노천카페로 가득했는데 특히 노란 차양을 친 카페가 눈에 띄었다. 고흐가 그린 〈아를의 포룸 광장의 카페 테라스〉(또는 〈밤의 카페 테라스〉) 속 그 카페였다. 카페를 잘 보기 위해 많은 사람들이 맞은편 카페에 앉는다고 한다. 우리도 맞은편 카페에 앉아 점심을 먹으면서 그 카페를 바라보았다. 낮이라 그림 속 밤의 분위기와는 많이 달랐지만…. 고흐가 살던 시절부터 많은 시간이 흘렀는데 아직 카페가 그대로 있어서 놀라왔다. 고흐가 미쳤다고 정신병원에 넣은 사람들이 고흐 때문에 먹고사는 아이러니라니.

네덜란드 태생인 빈센트 반 고흐Vincent van Gogh(1853~1890)는 1888년 2월 아를에 도착하자마자 밤의 풍경에 매료되어 그 아름다움을 그리려고 마음먹었다. 이 사실은 동생 테오에게 쓴 편지에 담겨 있다. 그러나 그가 밤의 테마에 착수한 것은 9월이 되어서였다. 이 지역에서 별이 가장 아름다운 달이 9월이었기 때문이다. 고흐는 촛불을 모자 위에 세우고 밤 경치를 그렸다고 한다. 별자리까지 정확하게 그려 내서 그림을 그린 자리를 찾아가면 별자리와 분위기가 정확히 일치한다고 한다. 나는 비록 낮에 갔지만 그 자리가 고흐의 그림 속 자리라는 것은 금방 알 수 있었다.

〈아를의 포룸 광장의 카페 테라스〉(1888)를 그리던 무렵부터 고흐는 밤중에 작업하기를 즐겼다고 전해진다. 이 그림을 그리기 얼마 전에는 자신이 즐겨 찾던 카페 드라가르Café de la Gare의 실내 정경을 표현한 〈아를의 밤의 카페〉를 사흘 밤에 걸쳐 완성했다. 현재 파리 오르세 미술관이 소장하고 있는 〈론강의 별이 빛나는 밤〉 역시 비슷한 시기에 그린 것이다. 이와 같은 일련의 밤 풍경화는 9개월 후 〈별이 빛나는 밤〉(1889)에서 절정을 이루게 된다.

　〈별이 빛나는 밤〉은 고흐가 고갱Paul Gauguin과 다투고 자신의 귀를 자른 사건이 벌어진 뒤 생레미Saint-Rémy의 정신병원에 있으면서 그린 그림이다. 감청색 밤하늘에 노란 별들이 반짝이고 회오리치는 듯한 구름과 사이프러스 나무가 무척 인상적이다. 이 그림을 그리던 시기에 그의 필치는 더욱 두꺼워지고 열정적으로 변했으며, 꿈틀거리는 듯한 선은 별의 광채를 한층 두드러지게 했다. 이렇게 회오리치듯 꿈틀거리는 필치는 강렬한 색과 결합되어 감정을 더욱 격렬하게 표현한다. 곡선의 화필은 굽이치는 운동감을 표현하면서 그림 전체를 율동적인 흐름으로 통합한다. 미국 가수 돈 맥클린Don Mclean의 "Starry

starry night"으로 시작하는 노래 〈빈센트〉도 고흐의 이 그림을 보고 지은 것이라고 한다. 이 노래는 여러 가수가 다시 불렀지만 나는 여전히 돈 맥클린의 목소리가 좋다.

론강 제방에 도착해서 아래를 바라보니 강물이 넘칠 듯 가득 차 있고 멀리 어슴푸레 수평선이 보였다. 강인지 바다인지 혼동할 정도였다. 여기가 바로 〈론강의 별이 빛나는 밤〉을 그린 곳이다. 그림에는 짙푸른 밤하늘에 별들과 건너 마을 불빛이 노란색으로 반짝이고 아래쪽에 연인으로 보이는 두 인물이 서 있다. 제방을 따라 걷다 보니 길바닥에 고흐의 궤적을 보여주는 그림이 새겨져 있었다.

예술가 공동체를 꿈꾸었으나 정신병원에 갇힌 고흐

〈해바라기〉는 고흐를 대표하는 작품으로, 다양한 노란색이 눈에 띈다. 이 그림은 유화 물감을 두껍게 칠해 해바라기의 강한 생명력과 볼륨감을 표현한 걸작이다. 노란색은 희망을 의미하며 기쁨과 설렘을 반영하고, 대담하고 힘이 넘치는 붓질은 열정을 드러낸다.

기록에 의하면 고흐는 아를과 생레미에 거주할 때인 1888년에서 1889년 사이에 총 12점의 해바라기 그림을 그렸는데 그중 '꽃병에 꽂은 해바라기' 그림이 7점이나 된다고 한다. 7점

모두 구도는 비슷하지만 해바라기의 개수가 다르다. 1점은 소실되어 현재는 6점이 남아 있는데, 가장 유명한 해바라기 작품은 1888년에 그린 15송이 〈해바라기〉이다. 이 그림의 배경이 노란색인 것은 바로 아를에서 거주하던 노란 집을 배경으로 했기 때문이라고 한다.

그 당시 고흐는 '예술가 공동체'를 만들고자 파리에 있는 화가들을 초대하는 편지를 보냈다. 고흐는 왜 예술가 공동체를 꿈꾸었을까? 아를이 마음에 든 고흐는 이곳이 작업하기에 더없이 좋은 장소라고 생각해 공동체를 꿈꾸었을 것이다. 화가 동료들과 같이 그림을 그리고 같이 대화하며 친밀하게 지내는 생활은 외로운 고흐가 꿈꾼 이상향이었을 것이다. 초청 대상 중에는 폴 고갱도 포함되어 있었다. 고갱에게서 아를로 오겠다는 회신을 받은 고흐가 기뻐하면서 허름한 방을 꾸미기 위해 그린 그림이 바로 이 15송이 〈해바라기〉라고 한다. 둘은 서로의 예술에 영향을 미쳤으나 동행은 오래 이어지지 못했다. 2개월 후 둘이 큰 싸움을 한 끝에 고갱은 도망치듯 파리로 떠났고 고흐는 스스로 귀를 자르고 정신병원에 들어갔다.

아를 지역에서는 기름을 얻기 위해 해바라기를 많이 길렀다고 한다. 실제로 우리는 프로방스 여러 곳에서 해바라기를 보았고 특히 알퐁스 도데의 이야기 속 풍차 방앗간을 보기 위해 퐁비에유Fontvieille에 가는 길에도 멋진 해바라기밭이 있었다. 우리는 해바라기밭을 보고 그냥 지나치기 아쉬워 차를 잠깐 세웠다. 길 옆에 나무들이 울타리처럼 둘러쳐 있어서 해바라기밭이 겨우 보였는데, 밭을 따라 안으로 들어가니 해바라기가 끝도 없이 이어졌다. 예전에 소피아 로렌이 나온 〈해바라기〉라는 영화에서나 보던 장면이었다. 탄성이 절로 나왔다. 해를 닮은 해바라기들은 우리의 마음을 한껏 들뜨게 했다. 이곳 해바라기들은 흔히 볼 수 있는 키 큰 해바라기와 달리 조그마했다. 밝은 노란색의 해바라기를 행복하게 바라보면서 문득 고흐도 이 꽃들을 보았겠지 싶어 가슴이 뛰었다.

고흐는 주변에서 흔히 볼 수 있는 해바라기를 이글거리는

태양처럼 격정적인 자신의 감정을 대변하는 영혼의 꽃으로 삼아 비극적인 삶과 예술을 거울처럼 투영했을지도 모른다. 오늘날 우리 사회에서는 해바라기가 부(富)를 불러오는 꽃으로 인기를 끌고 있는데, 고흐가 의도한 바는 아니었지만 결과적으로 허련의 묵모란과 비슷한 가치를 지닌 그림이 된 것 같다. 적어도 한국에서는.

오래전부터 고흐가 입원해서 많은 그림을 그렸던 생레미에 꼭 가 보고 싶었는데 마침내 실행에 옮겼다. 아비뇽을 거쳐 생레미로 향했다. 먼저 광장의 카페에 들어가서 점심을 먹고 그가 입원했던 정신병원을 향해 길을 걸었다. 길 곳곳에 고흐가 그린 그림이 걸려 있었다. 아몬드밭이 나오면 〈꽃 핀 아몬드 나무〉가, 밀을 심은 들판에는 〈삼나무가 있는 밀밭〉이, 올리브 밭에는 〈올리브 따는 여인들〉이 걸려 있었다.

정신병원으로 들어가니 〈아이리스〉 등 고흐가 병원에서 그린 수많은 그림이 전시되어 있었다. 사각형 건물의 네모난 중정을 지나 안으로 들어가서 위층으로 올라갔다. 고흐가 치료를 받았다는 목욕탕 방에는 텅 빈 공간에 목욕통만 덩그러니 놓여 있었다. 〈고흐, 영원의 문에서〉라는 영화에는 환자들을 한 명씩 탕에 앉혀 놓고 위에서 떨어지는 물을 맞게 하는 장면이 나오는데, 그것이 치료의 한 부분이었던 모양이다. 옛날에는 물로 씻기기만 해도 치료라고 생각했을지 모른다. 현대 의학이라면 그의 병을 고칠 수도 있지 않았을까?

아래층에는 매점이 있었는데 그의 여러 자화상이 잔뜩 걸려 있었다. 고흐의 〈자화상〉은 윤두서의 〈자화상〉만큼이나 강렬하고 인상적이다. 오르세 미술관에 있는 양복을 입은 자화상, 고갱에게 바친 자화상, 밀짚모자를 쓴 자화상 등 많은 자화상이 있는데, 그중에서도 특히 1889년 그가 고갱과 싸워 헤어지고 나서 귀를 자른 모습을 그린 〈자화상〉이 가장 강렬하다. 한쪽 귀에서 턱까지 흰 천으로 싸매고 입에는 파이프를 물고 있으며 담배 연기가 모락모락 피어오른다. 심하게 다친 상황에서도 아무렇지도 않은 표정으로 그림을 그렸다니 기가 막히지 않은가? 그에게 그림이란 무엇이었을까? 새삼 그의 불행이 가슴 아팠다. 고흐에게는 그림 외에는 아무것도 없었기에 더욱 그림에 매달렸고 예술가 공동체가 간절했을 것이다. 정신이상 상태로 인해 발작을 반복하고, 평온하고 절망적인 기분을 오가면서 그림은 그의 외로움과 공동체에 대한 열망을 표현한 것이라고 볼 수 있다.

세잔처럼 고흐도 주변의 사물을 자세히 관찰했고 그것을 자신의 방식대로 표현했다. 그의 표현 방식은 더욱 대담하고 환상적으로 변하여 특유의 꿈틀거리는 곡선 화법을 완성했다.

"자신의 방식대로 표현한다"는 것, 그것이 가장 중요한 것 같다. 어떻게 자신의 방식대로 표현할 것인가? 이것은 나의 과제이기도 하다.

알퐁스 도데, 잃어버린 것을 애틋해하는 사투리 작가

남도에서 윤선도는 한문을 주로 쓰는 당시 상황에서 한글로 「어부사시사」라는 시조를 쓰는 파격을 보여 주었고 김영랑은 전라도 사투리로 아름다운 시를 썼다. 도데는 프로방스의 자연과 사람을 프로방스 특유의 언어와 사투리로 묘사했다는 점에서 이들과 비슷하다. 또한 윤선도와 김영랑이 남도의 아름다운 자연, 산과 바다에 대해 시를 썼다면, 파뇰은 프로방스의 아름답고 깨끗한 자연을 소재로 티 없는 어린 시절을 묘사했다.

알퐁스 도데Alphonse Daudet(1840~1897)는 우리 국어 교과서에 「별」이라는 단편이 실려 있어서 익숙한 소설가인데, 사실 그가 프랑스에서 인기가 있는 것은 프로방스 사투리 때문이라고들 말한다. 구수한 프로방스 사투리가 소설 곳곳에 나와 글을 읽는 재미를 더한다고 한다. 아쉽게도 번역해서 작품을 읽는 우리는 그 맛을 느낄 수 없다. 더구나 그는 프로방스 지방의 원래 말이었던 오크어를 사용하고 지키는 것을 중요하게 생각하고 실천했다고 한다. 프레데리크 미스트랄이란 시인도 프로방스 고유의 말을 중요하게 생각해서 그 말로 시를 썼다고 한다. 미스트랄은 노벨상을 받은 계관시인이지만 그의 작품이 한글로 번역되지 않아 우리나라에 잘 알려지지 않은 게 아쉽다.

도데의 흔적을 찾기 위해 그의 단편소설집 『풍차 방앗간 편지』에 나오는 풍차 마을인 퐁비에유에 찾아갔다. 퐁비에유에 내리니 마을 장날인지 벼룩시장이 열렸다. 여기저기 들여다보는데 식탁보가 눈길을 끌었다. 엑스에는 라벤더나 올리브 열매, 밀 이삭과 밀 짚단 디자인이 많았는데, 이곳에는 도데의 풍차, 올리브나무 등 엑스에서는 못 보던 디자인이 자꾸 보였다. 엑스에서 이미 식탁보 두 개를 샀는데 이곳 식탁보도 탐이 났다. 이 식탁보들을 식탁에 까는 상상을 하니 그보다 멋실 수 없었다. 결국 두 개를 챙기고 나서야 풍차를 찾아 발길을 돌렸다. 나는 아직도 이런 욕심에서 벗어나지 못한 속물이라는 것을 느끼면서.

풍차는 마을에서 한참 걸어 올라가는 높은 언덕 위에 있었는데, 도데의 이야기 속 풍차를 떠올리게 할 만큼 크고 오래되어 보였다. 주위에는 띄엄띄엄 기다란 삼각형 모양의 사이프러스 나무들이 서 있고, 마을이 시원하게 내려다보였다. 도데는 파리에 살았지만, 사촌의 초대로 퐁비에유를 찾은 뒤로 휴가 때마다 이곳을 방문했다고 한다.

알퐁스 도데는「마지막 수업」등 우리에게 잘 알려진 단편 외에 프로방스의 시골 마을을 배경으로 한 단편소설을 많이 썼는데『풍차 방앗간 편지』에는「별」,「코르니유 영감의 비밀」 등 프로방스의 자연과 당시 사람들의 정감 어린 삶을 느낄 수 있는 싱그럽고 사랑스러운 단편 24편이 실려 있다. 도데가 이 지역에서 직접 경험한 이야기, 전해 내려오는 이야기, 상상으로 지어낸 이야기가 풋풋하면서도 감미로운 묘사로 감동과 연민을 자아낸다. 이야기들 속에 프로방스 지방의 구수한 사투리가 녹아 있어 프로방스적인 따뜻한 색채가 더욱 짙게 묻어난다고 한다.

「코르니유 영감의 비밀」은 그중 대표적인 이야기이다. 오랫동안 버려져 더 이상 밀을 빻을 수조차 없는 낡은 풍차 방앗간을 구입하는 데서 이야기가 시작되는데 여러 이야기의 소재로 등장하면서 이곳 풍차가 유명해졌다. 산업화가 급격하게 이루어지던 19세기에 모두가 전통적인 것을 버리고 새로운 것, 편리한 것을 추구할 때 코르니유 영감은 고집스럽게 풍차를 돌린다. 코르니유 영감에게 풍차 방앗간은 평생을 함께한 자신의 인생과 추억이고, 프로방스의 오랜 전통을 지키는 자부심이었기 때문이다. 이 소설에는 전통을 지키려는 코르니유 영감의 집념과 함께 그를 도우려는 사람들의 마음씨가 잘 그려져 있다. 잃어버린 것에 대한 향수가 어린 작품이다. 우리나라도 비슷한 상황을 거쳐 왔기에 더욱 공감을 불러일으킨다.

마르셀 파뇰, 어린 시절을 그린 『마르셀의 여름』

마르셀 파뇰Marcel Pagnol(1895~1974)은 남프랑스 마르세유 근처에서 초등학교 교사의 아들로 태어났으며 엑스-마르세유 대학(당시에는 엑스-프로방스 대학)에서 영문학을 전공했다고 한다. 우리가 연구자로 있던 대학에 파뇰도 다녔다고 하니 갑자기 그가 친구처럼 가깝게 느껴졌다. 그는 대학 졸업 이후 중학교 영어 교사로 부임해 남프랑스 지역을 옮겨 다니다 파리로 부임한 뒤 극작가에 뜻을 두었다고 한다. 파뇰의 작품은 일명 마르세유 3부작으로 불리는 희곡「마리우스」,「파니」,「세자르」와 소설『마르셀의 여름』,『마농의 샘』 등이 있다. 이 작품들은 많은 인기를 얻어 영화화되었다.

엑스에 오가면서 파뇰의 책들을 읽었는데 가장 인상 깊었던 책은 『마르셀의 여름』이었다. 어린 마르셀이 여름철 시골에 가서 산과 들을 뛰어다니며 노는 이야기가 펼쳐지는데, 그 배경이 되는 시골이 맑고 깨끗한 한 폭의 수채화 같았다. 그때까지만 해도 이 책이 프로방스를 배경으로 하고 있는 줄 몰랐다. 파뇰이 책에 묘사한 곳은 엑스보다 약간 남쪽, 마르세유에 가까운 오바뉴Aubagne라는 지역이었다. 파뇰이 태어난 곳이며, 엑스와 마찬가지로 부슈뒤론주에 속해 있다.

  2권으로 구성된『마르셀의 여름』은 파뇰의 자전적 성장 소설로 자신의 어릴 적 이야기가 바탕이 된다. 프랑스어 원래 제목은 '아버지의 영광'이다. 어린 마르셀에게 신과 같았던 아버지는 시골 별장에 여름 휴가를 가면서 점점 기세가 무너진다. 사냥을 모르는 아버지가 이모부와 함께 사냥을 떠날 때 마르셀은 몰래 뒤따라 가다 길을 잃기도 한다. 어리바리한 아버지가 운좋게 황제자고새 두 마리를 쏘아 떨어뜨리자 마르셀은 환호하고 아버지를 자랑스러워하면서 인생 최대의 추억을 완성한다. 이 책은 사라져 가는 시간의 흐름 속에서 부모에 대해 자식이 부르는 정다운 연민의 노래라고 할 수 있다. 이야기를 따라가며 프로방스의 깨끗하고 신선한 공기와 올리브 가지가 무성한 아름다운 자연이 소환되고 있다.

  마르세유 3부작은 마르세유 항구를 배경으로 소시민들의 삶을 사실적이면서도 인간성 넘치게 표현한 희곡이다. 특히 개성 넘치는 인물들의 재치 있는 대사와 마르세유 항구에 대한 탁월한 분위기 묘사로 세계적인 찬사를 받았으며, 영화와 오페라로 만들어졌다. 두 번째 이야기인 「파니」가 1960년경에 레슬리 카론Leslie Caron 주연으로 영화화되었던 것이 기억난다.

『장 드 플로레트』와 『마농의 샘』 연작 역시 아름다운 자연을 가진 프로방스를 배경으로 하지만, 추악한 욕망을 가진 사람들을 묘사하는 통속극에 가까운 내용이다. 1편 『장 드 플로레트』에서 주인공 세자르 할아버지(영화에서는 이브 몽탕 분)는 자기가 노리고 있던 땅의 새로운 주인이라고 들어온 외지인 장(제라르 드파르디외 분)의 땅을 싸게 사려고 온갖 수단을 동원한다. 샘이 없으면 땅이 척박해서 농사를 지을 수 없다는 걸 보면 건조한 프로방스의 이야기가 틀림없는 것 같다. 세자르는 장의 땅에 있는 샘을 막아서 농사를 망하게 하고 결국 장은 죽음을 맞는다. 그런데 알고 보니 장은 자신의 아들이었다는 기막힌 이야기이다. 2편 『마농의 샘』에서는 장의 딸인 마농이 막아 버린 샘을 터트려 물이 나오게 하면서 복수를 펼치는 사이다 전개이다. 이 소설은 출생의 비밀을 포함하는 등 우리의 막장 드라마와 비슷한 느낌이다. 혹시 막장 드라마는 동서양을 막론하고 인기가 많은 것일까?

4부

땅끝마을 사람들, 마음을 흔들고 입맛을 사로잡다

따뜻한 사람들과 맛있는 음식, 고향을 생각할 때 이 두 가지보다 더 절실하게 생각나는 것이 있을까?
4부에서는 한국과 프랑스의 두 땅끝마을 사람들의 성격과 먹거리를 살펴본다. 두 지역 사람들의 성격은 겉보기에 판이하게 달라 보인다. 남도 사람들은 서로 잘 어울리고 손님을 반기며 인심이 좋은 것으로 유명하다. 반면 프로방스 사람들은 개인주의적이고 주관이 뚜렷하며 개성이 강하다. 그럼에도 사람을 대하는 마음의 여유가 따뜻하게 느껴진다.
음식을 살펴보면 남도는 삭힌 홍어처럼 후각으로 시작해 미각을 뒤흔드는 토속적인 맛을 자랑하고, 프로방스는 카프레제 샐러드나 카르파초처럼 색깔이 아름다워 눈으로 먼저 즐기는 건강한 지중해 식단으로 유명하다. 두 곳의 음식을 통해 느낀 고향의 맛을 그려 보려고 한다.

1장

지나가는 사람도 불러 세우는
남도의 정

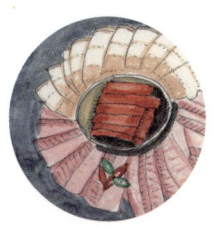

마음의 고향에서 치유 받는 사람들

땅끝이라고 하면 묘한 설렘과 기대가 있다. 단순히 땅의 끝이라는 지리적인 뜻 외에 다른 뜻도 연상되기 때문이 아닐까? 그곳에 가면 뭔가 특별한 것, 아름다운 것, 새로운 것, 특히 인생의 깨달음을 얻을 만한 무언가를 만날 것 같은 느낌이 든다.

동서남북 어디든 육지가 끝나는 곳은 다 땅끝이라고 할 수 있지만 보통은 '최남단'을 가리킨다. 해남에서 땅끝마을이 있는 곳은 원래 갈두항이라는 곳이다. 그곳에 가면 '한반도 최남단 땅끝'이라는 돌로 된 표지석이 서 있다. 섬을 제외한 한반도의 최남단이라는 뜻이다. 미국에서 바다에 잠길 듯 길게 뻗은, 끝날 것 같으면서 끝나지 않는 길을 지나 플로리다주 키웨스트의 땅끝에 도착했을 때, 그곳에도 'Southernmost Point(최남단)'라고 쓰여 있던 기억이 난다. 프랑스의 마르세유에서도 땅끝마을에 가 보았는데 그곳 역시 프랑스의 최남단이다.

땅끝마을에 가면 누구든 '땅끝'이라는 돌로 된 표지석 앞에서 사진을 찍는다. 나도 그랬다. 제자 복희가 앞바다의 두 섬 사이로 해가 지는 순간이 가장 장관이라고 알려 주었는데, 아쉽게도 우리는 이후에 다른 일정이 있어서 그 광경을 보지 못했다. 대신 모노레일을 타고 땅끝 전망대에 올랐다. 다행히 일찍 줄을 서서 앞자리에서 경치를 볼 수 있었다. 높은 곳으로 올라

갈수록 시야를 가로막던 나무들이 사라지고 바다가 넓게 펼쳐졌다. 미국 팝 듀오 카펜터스Carpenters의 노래〈날 부드럽게 죽여주네Killing Me Softly〉가 입속에 맴돌았다. 이 노랫말처럼 죽여주는 경치가 아닌가!

모노레일에서 본 경치도 아름다웠는데 전망대에서 본 경치는 말해 무엇 할까? 바다 색깔이 몹시 파랗고 아름다웠다. 멀리 아스라이 보이는 섬들은 작아서 그런지 정겨웠다. 인생도 멀리서 보면 희극이고 가까이서 보면 비극이라는 말이 있듯이 멀리 떨어져 보면 모두 아름다워 보이는 것인가? 전망대에 일출과 낙조 사진이 전시되어 있었는데 붉은빛 낙조가 눈부시게 아름다워 눈을 뗄 수가 없었다.

우리는 고산 윤선도가 살았던 녹우당에 들렀다. 조선 효종이 윤선도에게 하사한 서울 집을 뜯어서 해남에 그대로 옮겨 온 집이다. 녹우당 근처에 윤선도 가문 14대 종손의 작은며느리 이근애 씨가 살고 있다 하여 그분도 만나 볼 생각이었다. 첫날은 허탕을 쳤다. 녹우당은 수리중이었고 그분이 운영하는 '백련동 커피 가게'도 문을 닫은 채였다. 아직 잎이 나지 않은 900년 되었다는 은행나무만 쓸쓸히 지켜보다 돌아섰다.

며칠 후에 다시 카페를 찾아 그녀를 만났다. 그녀는 해남을 떠나 서울에서 남편과 다정하게 잘 살았으나 남편이 세상을 떠난 이후 마음의 병을 얻어 혼자 지낼 수 없는 지경에 이르렀다. 잠시 해남에 내려왔는데 자연을 보고 좋은 사람들을 만나면서 조금씩 마음의 안정을 얻게 되었다고 한다. 그래서 아예 눌러살기로 작정하고 예전에 살던 살림집 옆에 커피 가게를 냈단다. 그녀는 건강을 회복한 이유를 '남편의 그늘' 덕분이라고 말했다.

"아무래도 남편 그늘인 것 같아요. 남편이 잘 살아 주고 가서…. 남편 가던 날 조문 온 분들이 다섯 줄로 서서 두 시간씩 기다리고 조문을 했다고 그래요. 저는 잘 모르죠. 그때 저는 실신했다가 일어났다 막 이랬으니까요. 지금껏 살면서 그 사람 나쁘다는 이야기를 들은 적이 없어요. 차를 타고 가다 남편 산소가 보이면 저는 이렇게 말합니다. '여보, 당신이 갔을 때는 내가 마음이 찢어졌지만…. 당신 그늘 덕분에, 그걸로 살고 있습니다.'"

해남의 자연과 사람은 이렇게 마음을 치유하는 힘을 가지고 있는 모양이다.

그녀와 이야기를 나눈 후 나 자신을 돌아보았다. 몹시 아팠을 때 나를 낫게 한 힘은 어디에서 나왔을까? 의사들의 정확한 진단과 약물 치료, 트레이너들의 근육 치료, 요양보호사와 간병인의 도움, 그리고 무엇보다도 가족들의 지원과 도움, 특히 남편의 끊임없는 지지와 격려가 가장 큰 도움이 되었다고 볼 수 있다.

여기에 덧붙이고 싶은 것은 날마다 같이 걸었던 아파트의 연못과 작은 정원들, 반포천 산책길의 나무와 풀과 꽃들, 한강의 일렁이는 푸른 물과 노을진 풍경, 봄, 여름, 가을, 겨울, 끊임없이 변하면서도 즐거움을 안겨 준 하늘, 바람, 땅, 나무, 그리고 모든 작은 것들, 웃음을 준 강아지와 고양이들, 내 곁에 있던 모든 살아 있는 것들이었다. 한마디로 이 땅과 물과 하늘과 공기를 포함한 자연과 내게 관심을 가지고 보살펴 준 모든 사람들 덕분인 것 같다.

나는 거기에서 힘을 얻어 새로운 인생을 시작할 수 있었다. 사회학자로 긴 세월을 살았는데, 글 쓰는 나, 그림 그리는 나로 변신을 시도할 힘을 얻을 수 있었다. 병은 나에게 아픔과 고통을 알게 했고, 그 고통은 나에게 일어설 힘을 주었다. 마찬가지로 유배지로 고통 받던 해남 땅은 나에게 글을 쓰고 싶은 욕망을 불러일으켰고 나는 지금 그 일을 하고 있는 것이다.

풋나락, 물감자의 삶을 즐기는 남도인

해남에 와서 남도 사람들과 이야기를 나누다 보니, 이곳 사람들에게는 '풋나락', '물감자'라는 별명이 있다는 것을 알게 되었다. 풋나락은 '밭에서 아직 덜 익은 낟알'이란 뜻으로 속이 알차지 못한 쭉정이라는 뜻이 된다. 물감자는 '여물지 않아서 물기가 많은 고구마(전라도에서는 보통 고구마를 감자로, 감자는 하지 감자로 부른다.)'로, 겉은 단단하지만 속은 물렁한 고구마라는 뜻이다. 이 두 말은 좋게 이야기하면 사람이 좋다는 뜻이고 나쁘게 이야기하면 줏대가 없거나 자기 앞가림도 못하는 사람이라는 뜻이 된다.

해남 토박이로 평생을 해남에서 살았고 해남문화원장을 지낸 김창진 씨는 이렇게 이야기했다.

"해남 사람이 '물감자'라는 소리를 들은 것은 인심이 좋기 때문이에요. 작은 것 하나라도 나눠 먹으려고 하지요. '풋나락'이라는 말이 생긴 것도, 자기는 못살아도 애들만큼은 훌륭하게 키우고 싶어 하는데, 돈이 없으니까 풋나락을 담보로 해서 뒷바라지를 했기 때문이에요."

〈신데렐라 언니〉라는 드라마에서 본 한 인물이 떠올랐다. 그는 막걸리 공장을 하는 상당히 부유한 사람이었는데, 홀아비가 되어 딸 하나와 함께 살았다. 그런데 언제부터인지 딸이 있는 어떤 여자가 그의 곁에 있게 되었다. 새 부인은 어떻게든 남편의 돈을 뜯어낼 생각인데 남편은 이를 전혀 아랑곳하지 않았다. 주위 사람들이 새 부인이 당신 재산을 다 뜯어먹으려고 하니 조심하라고 경고하면, 그는 자신이 다른 사람의 밥이 되어 뜯어먹히면 얼마나 좋은 일이냐고 오히려 반문했다. 경쟁과 물질적인 욕심으로 가득 찬 오늘날 이런 말을 하는 사람이 있다니! 신선한 충격이었다.

해남 사람들은 이 드라마의 인물처럼 남의 밥이 되어 뜯어먹히고 싶어 하는 호인들이 아닐까 하는 생각이 들었다. 자신의 앞가림을 못 하는 사람들이라기보다는 사람이 좋아서 그저 베풀기를 좋아하는 것 같았다. 워낙 해남에 물자가 풍부하고 먹거리가 많다 보니 인심이 좋은 것인지도 모르겠다.

다른 한편으로 보면 물감자, 풋나락은 해남 남자를 가리키는 말이 아닐까 싶다. 해남 남자들이 인심을 쓰면서 생활을 유지할 수 있는 것은 남도의 여인들 덕분일 것이다. 명유당 김지우 씨, 천연염색 장인 김영아 씨, 제자 복희 등의 이야기를 들으니 남도에서는 밭농사를 다 여자가 한다고 했다. 남자들은 기계를 쓰는 논농사를 주로 하고, 여자들은 손과 호미로 땅을 파고 야채를 심고 풀을 뽑는 일을 도맡아 한다고 한다. 유명한 해남의 겨울 배추도 대부분 여자들의 손으로 다 키운다고 한다. 이런 강인한 남도의 여인들 덕분에 남도의 남자들이 물감자 소리를 듣는 호인으로 살아간 게 아닐까?

오랫동안 자연과 인간을 이분법적으로 분리하는 사고를 가진 서양에서는 여성을 자연과 인간을 연결해 주는 고리로 보는 생각이 있다. 듣고 보니 이 말이 바로 남도에 적용되는 것 같다. 여성이 있어서 비로소 땅의 것들이 인간이 먹는 음식으로 변화할 수 있는 것이다. 남자들도 논농사를 하지만 기계를 주로 사용하기 때문에 땅과 직접적인 접촉이 덜하다고 볼 수 있다. 남도 여성이야말로 자연을 인간과 연결시켜 주는 고리가 아닐까 싶다. 더구나 자연에서 나는 대부분의 것이 여인들의 손을 거쳐 먹을 것으로 바뀌게 되니까 말이다.

인심 좋기로는 열린 찻집 명유당만 한 곳이 없을 것 같다. 명유당은 김지우 씨가 운영하는 곳이다. 그녀는 집 앞에 직접 차를 재배하고 덖으면서 23년간이나 찻집을 열고 있다. 지나가는 사람 누구든, 심지어 주인이 자리를 비우더라도 차를 끓여 마시고 담소를 나눌 수 있도록 찻집을 모든 사람과 공유한다. 운이 좋으면 김지우 씨를 만나 그윽한 차는 물론 된장국을 곁들인 소박한 남도 밥상도 대접받을 수 있다.

그녀에게 미리 방문하고 싶다는 뜻을 전하자 대뜸 된장찌개를 곁들여 점심을 같이 하자고 했다. 이런 환대를 받다니 놀라운 일이었다. 모르는 사람이나 이방인을 보면 경계하는 마음이 먼저 생기게 마련인데, 그녀는 아무 거리낌 없이 자기 공간을 남들과 공유하고 음식을 대접했다. 심지어 원하면 자고 갈 수도 있단다. 정말 대단한 환대가 아닌가? 환대가 무엇인지, 나눔이 무엇인지 보여 주는 귀감이었다.

밖에서 보니 명유당 앞에 크지 않은 차밭이 있었다. 들어가기 전에 차밭에서 산책하며 차나무를 구경했다. 차나무가 크지 않고 찻잎도 조그마한 것이 차 맛이 좋을 것 같았다.

김지우 씨에게 어떻게 해서 무인 찻집을 운영하게 되었는지 물어보았다. 그녀의 대답은 감동을 불러일으켰다.

"대흥사의 일지암을 처음 보았을 때 하늘 밑에 동동 떠 있는 듯 너무나 아름다웠어요. 그래서 해남에 정착하고 싶다는 생각이 들었지요. 그러다 쓰러져 가는 시골집을 사서 힘들게 리모델링한 끝에 이런 공간이 탄생했어요. 저는 그냥 이 즐거움을 다른 사람과 함께 나누고 싶을 뿐이에요. 도시 사람들에게 해남 땅끝은 굉장히 신비주의에 싸여 있잖아요? 그래서 이 땅끝 마을에 도시 사람들이 많이 와요. 그분들이 지나가다가 저희 집에 들르면 차 한잔이라도 나누며 남도의 정을 느끼게 해 드리고 싶었어요. 그래서 집을 오픈했어요. 목마르면 저희 집에 와서 같이 마시고 이야기하고. 또 저 없을 때도 마시고 가요. 그 시간들이 쌓이다 보니 서로 나눔이 됐어요."

나의 공간을 다른 사람과 공유하는 것, 그것은 작은 것 하나라도 나누는 남도라서 가능했을 거라는 생각이 스쳤다.

땅끝마을 외딴집에 사는 제자

"지금이 갑오징어 철이에요. 해남 와서 갑오징어 철에 갑오징어도 못 드시고 가시면 제가 흉잡혀요."

땅끝마을 외딴집에 사는 제자 복희도 그런 것 같다. 복희는 기회가 있을 때마다 우리에게 "해남에 왔으면 잘 먹어야 하는데…."라고 말했다. 해남에는 먹을거리가 많지만, 특히 제철 음식을 잘 먹어야 한다고 강조했다. 그녀는 광주 출신이지만 남편의 고향인 해남에 와서 살면서 해남 사람이 다 되었다.

윤선도 원림을 보고 보길도에서 나오는 길에 복희는 생선시장에 들르자고 했다. 강풍 예보로 점심도 못 먹고 배를 타러 가는 와중에도 황칠 막걸리를 사고 생선시장에 들러 횟감을 샀다. 광어, 전복, 소라 등을 잔뜩 사고도 갑오징어 철인데 못 얻어먹으면 흉잡힌다고 하면서 갑오징어까지 샀다. 나는 그때가 갑오징어 철인지 알지도 못했다. 이것이 해남 사람들의 마음이고 인심일까?

복희는 집에 전화를 걸어 남편에게 밥을 해 놓으라고 했다. 우리는 그분을 한 번도 본 적이 없는데 초면에 집까지 들이닥치게 되었다. 갈두항에서 아름다운 해변 길을 따라 한참을 자동차로 달려서 제자의 집에 도착했다. 그 해안도로는 도솔암 쪽으로 가는데, 오른쪽으로 바다를 끼고 가는 아름다운 길이다. 절벽 위가 아니라 바다 옆 나지막한 곳에 있는 길이라서 더 안전하고 아늑하게 느껴졌다.

복희네 집은 마을을 등지고 바다를 향해 돌아앉아 있어서 주변에 다른 집이 하나도 보이지 않았다. 바다 바로 앞 언덕에 있어서 바다가 포근하게 펼쳐진 곳이었다. 섬도 몇 개 보였는데 바다도 섬도 정원의 일부처럼 느껴졌다. 오랫동안 아파트에서만 살아온 나에게는 신선한 충격이자 뜻밖의 경험이었다. 밤에 무섭지 않을까? 불편하지 않을까? 걱정도 되고 신기하기도 했다.

외진 곳에 있으니 엑스 산속에 있는 김혜경 교수 부부 집이 생각났다. 한 가족은 산속에, 또 한 가족은 바다 앞에 살고 있어 장소는 다르지만 주위에 아무도 없이 외떨어져 살고 있다는 점에서 많이 닮았다.

우리는 오후에 도착해서 늦은 저녁까지 머물며 먹고 마시고 이야기를 나누었다. 제자의 남편은 영문학 교수를 하다가 은퇴했는데 소설도 펴낸 분이었다. 우리 부부와 대화가 잘 통해서 처음 만난 사람 같지 않았다. 밖에 비가 쏟아지기 시작했다. 사가지고 간 싱싱한 회를 시작으로, 밥에다 맑은 탕을 곁들이고 쌉싸름한 엄나물(개두릅 무침)로 입맛을 돋웠다. 특히 갑오징어가 맛있었다. 회로 먹고 데쳐서도 먹었는데 쫄깃하면서도 입에

서 살살 녹았다. 복희는 배가 부른데도 먹을 것을 끝도 없이 내왔다. 황칠 막걸리, 황칠 소주에 집에 있던 술까지 다양하게 마셨고 마지막 입가심으로 보이차도 마셨다.

우리가 떠날 때쯤 부엌에는 접시와 그릇이 산더미처럼 쌓였다. 많은 설거지를 해야 할 복희에게 미안하고도 고마웠다. 해남 사람이 다 된 제자의 마음이 더없이 따뜻하게 와닿았다.

후각과 미각을 뒤흔드는 토속적인 남도의 맛, 삭힌 홍어

해남에 도착한 첫날은 늦게 도착해서 대흥사 입구의 먹자골목에서 간단하게 저녁을 먹었다. 다음 날부터는 해남의 맛있는 음식을 먹어 보려고 미리 검색하고 예약을 했다.

둘째 날 저녁, 예약한 강진의 '해태식당'에 갔다. 남도 한정식으로 꽤 이름난 곳이다. 골목에 있는데 안은 생각보다 넓었다. 들어가자마자 꼬리꼬리한 냄새가 진동을 했다. 알싸한 암모니아 향의 삭힌 홍어 냄새! 이것이 바로 남도의 냄새인가 싶었다. 어딘가 촌스럽고 텁텁한 것 같으면서도 묘하게 끌리는….

식당은 홀이 없이 모두 방으로 구분되어 있었다. 보통 식당에 가면 큰 홀이 있고 벽 안쪽으로 방들이 있지 않은가. 홀이 없는 건 단체 손님이 많다는 뜻인데 이것도 사람 만나기 좋아하는 남도의 특색이 아닌가 싶었다.

우리는 그중 한 방에 들어갔다. 전라도 한정식은 상다리가 부러질 듯 요리와 반찬이 많이 나오는 것으로 유명하다. 먹거리가 풍부해서일까, 인심이 좋아서일까? 서울에서는 상상도 못 할 일이다. 홍어만 해도 세 가지가 나왔다. 홍어삼합, 홍어무침, 홍어회. 그 외에 낙지탕탕이, 간장새우, 육회, 불고기 등 요리 수를 헤아리기도 어려웠다. 김치와 나물도 여러 가지였다.

예전에 전남대에 있을 때 처음 홍어를 맛보았다. 나는 남도 사람들이 홍어 요리, 특히 삭힌 홍어 요리를 제일로 친다는 걸 그때 알게 되었다. 전라도에서는 "잔칫집에 홍어 없으면 잔치를 다시 해야 한다."는 말이 있을 정도로 홍어는 전라도의 정체

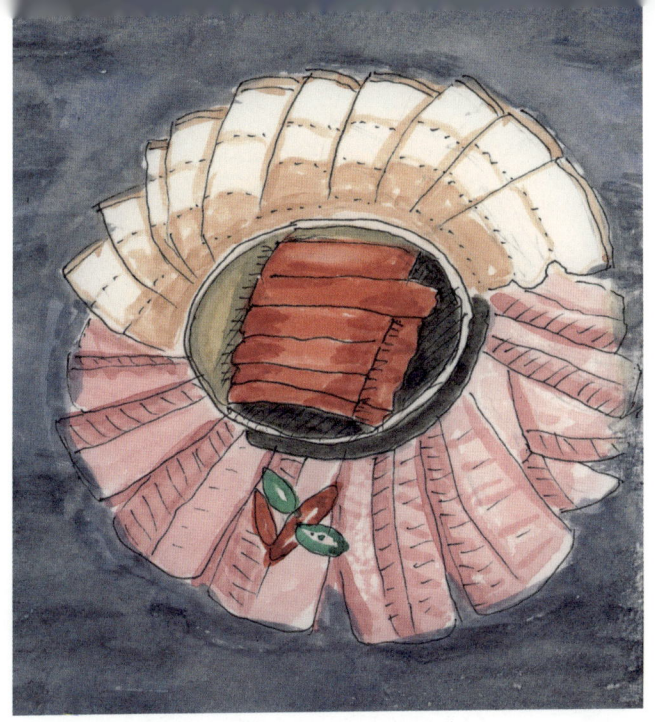

성을 상징한다. 홍어 요리는 회, 탕, 찜, 애국, 구이, 무침 등으로 다양하다. 그중에서도 삭힌 홍어는 소금 없이 삭혀 먹는 유일한 음식으로 톡 쏘는 향이 특이하고, 물렁뼈나 날갯살이 오돌오돌 씹히는 맛이 아주 일품이다. 그래서 그렇게 홍어를 좋아하는 모양이다. 나도 홍어 요리를 좋아하는데 특히 홍어삼합을 좋아한다. 톡 쏠 정도로 삭힌 홍어와 돼지고기 수육, 그리고 묵은 김치를 함께 먹는 걸 홍어삼합이라고 하는데 이런 음식을 좋아하는 걸 보면 나도 남도 사람이 다 된 모양이다.

2018년 세미나에 참여하기 위해 프랑스 리옹Lyon에 갔을 때

로랑Laurence Roulleau-Berger 교수가 초대한 해산물 식당에서 손짓 발짓으로 간신히 시켜 먹었던 요리도 홍어 비슷한 것이었다. 홍어와 가오리는 어떤 차이가 있을까? 모양을 보면 홍어는 마름모꼴에 배는 짙은 회색, 꼬리가 짧고 채찍처럼 생긴 데 비해, 가오리는 둥그스름하게 생겼고 배는 흰색, 꼬리가 매우 길며 지느러미가 없다. 코를 보면 홍어는 코가 나와 있는데 가오리는 둥근 편이다. 홍어는 삭혀 먹을 수 있지만 가오리는 삭히면 상한다. 껍질을 벗겼을 때 가오리는 날갯살이 국수처럼 가늘지만 홍어는 우동처럼 굵다고 한다. 지금 생각해 보니 프랑스에서 먹었던 요리는 날갯살이 아주 가늘었던 것 같다. 가오리였던 모양이다.

낙지탕탕이도 오랜만에 보았다. 전남대에 있을 때 회식 자리에서 낙지탕탕이가 도마 위에 차려져 나오면 그놈들이 꿈틀거리는 통에 방바닥이 흔들리는 듯 몹시 어지러웠다. 지금은 그 정도는 아니지만 여전히 잘 먹지 못한다. 우리는 식당에서 산낙지를 통째로 손에 쥐고 머리부터 먹는 사람도 보았다. 이곳에는 해산물이 흔해서 그런지 먹는 방식도 제각각이었다.

명유당의 봄나물 밥상과 어머니의 갈치구이

열린 찻집 명유당에서 먹은 봄나물 밥상은 감동 그 자체였다. 명유당은 세 채로 구성되어 있는데, 한 채는 살림집, 한 채는 한국 다도의 집, 또 한 채는 홍차 등 서양차와 중국차를 하는 곳이었다. 주인 김지우 씨는 처음 만난 우리를 살림집의 부엌이자 식당으로 안내했다.

상 위에는 방풍나물, 머윗대, 연근, 산에서 나는 불미나리, 참나물, 세발나물, 쑥부쟁이 등 다양한 나물들이 차려져 있었다. 고추, 깻잎, 우엉, 열무김치, 물김치, 묵은지 삶은 것에 된장찌개까지 곁들였다. 그녀가 직접 키우고 채취한 귀한 봄나물 밥상이자 최고의 정성을 들인 건강식이었다. 맛있게 버무려진 남도의 봄향기로 인해 입안이 온통 황홀해졌다. 어머니의 마음으로 차린 어머니의 밥상이었다.

명유당의 봄나물 밥상을 받고 보니 40여 년 전 어머니의 갈치구이가 생각났다. 그때는 미국에서 막 귀국해서 광주의 전남대에서 가르치기 시작할 무렵이었다. 어머니가 대구에서 버스를 타고 방문하셨다. 광주와 대구를 잇는 고속도로도 없었으니 그 여정이 길고 힘들었을 것이다. 고혈압으로 몸이 불편하신 어머니로서는 모험이나 마찬가지였다. 처음이자 마지막 광주행이었다.

그때 나는 광주의 어느 단독주택에서 방 한 칸을 빌려 자취하고 있었다. 강의도 아직 틀이 안 잡히고 생활도 적응이 안 되어 밥도 제대로 못 해 먹고 있을 때였다. 입식 부엌 시설이 안 되어 있었고, 난방도 연탄으로 하고 음식도 연탄불로 하거나 풍로 같은 것을 이용하는 형편이었다.

어머니는 딱 하룻밤을 주무시고 가셨다. 대구의 식구들을 건사해야 했기 때문이다. 어머니가 가시는 날 하필이면 강의가 있어서 학교에 갔다가 헐레벌떡 집으로 돌아와 어머니를 버스 정류장에 모시고 갔다. 버스 차창으로 얼른 들어가라고 손짓하시던 모습이 떠오른다. 허전한 마음으로 집에 돌아와서 부엌에 들어가니 선반에 얌전하게 구운 갈치구이 한 토막이 놓여 있었다.

그걸 본 순간 눈물이 왈칵 쏟아졌다. 아픈 몸을 이끌고 그 먼 길을 오셨는데 밥도 제대로 같이 못 먹고, 이야기도 못 나누고 보내 드렸구나 싶어 눈물이 앞을 가렸다. 그 뒤로 갈치구이를 볼 때마다 어머니 생각이 났다.

점심을 먹고 나서 한국 다도의 집으로 옮겼다. 천장까지 닿는 높은 장식장 안에 온갖 차도구가 그득했다. 그 그릇들 중에는 지금 유명한 도자기 명인이 된 분들이 만들어 준 것도 있다고 했다. 뒤에 부엌이 있었고, 좀 낮게 만들어 놓은 옆방에도 다실이 있었다. 다른 쪽에는 자고 갈 수 있는 방도 마련되어 있었다. 그곳에서 차를 마시며 우리는 담소를 나누었다. 그녀는 함

께 다도를 하는 그룹이 있는데, 그들과 함께 초의 선사의 후계자로서 『동다송東茶頌』을 공부하며 차를 배웠다고 한다. 차 맛은 구수하고 부드러웠고, 특히 두 번째 우린 맛이 일품이었다.

  차를 마시고 세 번째 집으로 옮겨서 화려한 서양 찻잔들을 구경했다. 차 박물관 같은 느낌이 들 정도로 다양한 다기와 차 도구들이 있었다. 밖에 나오니 나무 그늘 밑에 테이블과 의자가 놓여 있어서 거기에서도 차를 즐길 수 있었다. 크고 작은 단지들이 모여 있는 장독대마저 정겨웠다.

초의 선사, 녹차, 그리고 『동다송』

　남도를 여행하는 동안 명유당 찻집뿐 아니라 여러 곳에서 여러 차를 맛보았다. 대흥사는 녹차로도 유명하다. 우리는 대흥사 전통찻집인 '동다실'에 들러 차를 마셨다. 흰 찻주전자와 찻잔이 조그마하면서도 예스러웠다. 초의 선사를 생각하며 잠시 그윽한 차향에 취해 보았다. 유리창 너머로 보이는 대흥사의 연초록 나뭇잎과 가지들이 예쁘고 멋스러웠다.

　유선관에도 차가 준비되어 있어 언제든 우려 마실 수 있었다. 우리는 그 차를 즐겨 마셨는데 어린 찻잎으로 만들었는지 부드럽고도 향기로운 맛이 났다. 스파를 하는 곳에도 차가 준비되어 있는데 그곳의 차는 맛이 약간 다르지만, 몸의 피로를 풀어 주는 데 도움이 되었다.

　차와 관련된 유명한 이야기로, 끽다거喫茶去라는 일종의 선문답禪問答이 있다 '차 한잔 들고 가게나.'리는 뜻이다. 중국 당나라 때의 조주趙州 선사는 많은 화두를 남긴 것으로 유명한데, 끽다거도 그중 하나이다.

　조주 선사는 어느 날 막 도착한 두 스님에게 물었다.

　"일찍이 이곳에 와 본 적이 있는가?"

　한 스님이 대답했다.

　"예, 와 본 적이 있습니다."

　또 다른 스님도 대답했다.

　"아니요, 없습니다."

　그러자 조주 선사는 두 스님에게 똑같은 말을 했다.

　"그러면 차 한잔 들고 가게나."

　이 말을 들은 제자가 의아해하며 조주 선사에게 물었다.

"어째서 스님께서는 와 본 적이 있는 사람에게도 차를 권하고, 와 본 적이 없는 사람에게도 똑같이 차를 권하십니까?"

그러자 조주 선사는 이렇게 말했다.

"그대도 차 한잔 들고 가게나."

해석을 하자면, 온 적이 없는 스님은 아직 깨달음의 준비가 되지 않았으니 그냥 차나 한잔 하라는 것이고, 온 적이 있는 스님은 깨달음을 얻은 적이 있는가 하는 물음을 알아듣지 못하고 대답했으니 그냥 차나 한잔 마시고 가라는 것이고, 옆에 있던 제자 역시 알아듣지 못하니 그냥 차나 한잔 하라는 것이다. 시쳇말로 '닥치고, 차!'인 셈이다. 이 말은 깨달음이란 거창한 겉치레가 아니고, 사는 일 또한 그저 차 한 잔만큼의 깊이와 무게라는 뜻이다.

초의 선사는 『동다송』을 써서 차에 관한 이야기를 남겼다. 이 책은 차에 관한 송가頌歌 31송으로 이루어져 있다. 우리나라 차를 기리며 노래한다는 뜻이지만, 사실 순수 우리 차에 대한 것은 겨우 6송에 불과하고, 나머지는 중국 차에 관한 것이다. 옛사람들의 차에 관한 이야기나 시 등을 인용해 주를 붙였는데, 차의 효험, 생산지에 따른 차의 이름과 품질뿐만 아니라 차를 만드는 방법, 물에 대한 품평, 차를 끓이는 법, 차를 마시는 법 등에 대해서 언급하고 있다. 이 책은 중국의 『다경茶經』 등의 옛 문헌이나 시를 많이 인용하긴 했지만, 조선시대까지 유일한 차에 관한 책이라는 점에서 높이 평가되고 있다. 지금도 다도 연구자들은 이 책을 읽고 배운다고 한다.

2장

개성 넘치고 마음도 따스한
프로방스 사람들

자존심 강하고 거리낌 없는 엑수아

해남 땅끝마을의 낙조가 아름다운 것처럼 마르세유 땅끝마을의 낙조도 눈이 부시다. 내가 마르세유의 황홀한 낙조를 본 것은 정말 우연이었다.

엑스를 방문한 세 번째 해인 2016년에는 3개월 이상 장기 체류할 계획이었기에 프랑스로 떠나기 전에 비자를 신청했다. 그러면 프랑스에 도착한 이후에 프랑스 이민국OFII에 연락하여 출석해야 한다. 마르세유에 있는 프랑스 이민국과 여러 번 연락한 끝에 마침내 이민국에 가서 체류증을 받게 되었다.

우리는 마르세유에 갈 때마다 약간 위축되었는데, 그 이유는 우리를 초대해 준 프랑스 교수가 마르세유에서는 절도 사건이 많으니까 조심해야 한다고 누누이 강조했기 때문이다. 볼일을 보고 돌아오는 길에 관광안내소에서 알려 준 대로 구항구로 가려고 83번 버스를 탔다. 구항구에서 마르세유 역으로 갈 생각이었다. 운 좋게도 버스는 마르세유 바닷가를 빙 돌아서 갔다. 버스에 앉아 있는데 창밖으로 옅은 오렌지빛 낙조가 퍼지면서 파도에 반사되어 아름답게 반짝였다. 현실이 아니라 꿈속 같았다.

파리 사람들을 가리켜 '파리지앵Parisian'이라고 부르듯, 엑스 사람들은 '엑수아Aixois'라고 부른다. 프랑스 사람들은 대부분 개

성 있고 자존심이 강한데 엑수아도 마찬가지인 것 같다.

몇 년 동안 엑스에 왔다 갔다 하면서 관찰한 바로는, 엑수아들은 몸이 날씬하고 얼굴이 날카롭게 생겼다. 특히 인상적인 것은 얼굴이다. 프랑스 배우 알랭 들롱Alain Delon의 얼굴을 보면 미남이기도 하지만 날카로운 턱이 인상적인데, 엑스 젊은이들의 턱선도 대체로 날카롭다. 게다가 엑스에서는 뚱뚱한 사람을 보기 힘들다. 지중해 식단으로 치즈와 야채를 많이 먹어서일까? 운동장에서 뛰는 사람이 많은 걸 보면 몸 관리도 잘 하는 것 같다.

둘째, 엑수아의 옷차림은 개성이 넘친다. 비싼 옷 같지는 않은데 색깔이나 디자인이 독특하고 몸에 잘 어울리며 멋스럽다. 날씨가 더워지면서 어깨가 드러나고 목선이 깊이 파인 옷을 입은 사람들이 늘어나는데, 그렇게 입어도 전혀 야하게 보이지 않고 잘 어울린다. 키는 그렇게 크지 않고 대체로 아담한 체구이지만 날씬해서 그렇게 보이는 것일까? 아니면 패션의 나라 프랑스답게 엑스에도 작은 옷 가게들이 많고, 가게마다 나름대로 개성적인 옷들을 전시하고 있는데, 이것과 상관이 있을까?

셋째, 이들의 표정과 행동은 거리낌이 없다. 특히 남녀 관계가 자연스럽다. 남녀 둘이 같이 다니는 경우가 많은데 나이와 상관없이 손을 잘 잡고 다니며 다정해 보인다. 여럿이 만나면 양쪽 뺨에 뽀뽀하면서 입으로 "쪽쪽" 하고 소리를 낸다. 남자들끼리, 여자들끼리, 남녀 사이에도 한다. 아마도 어릴 때부터 남녀가 자연스럽게 어울리게 교육한 덕분이 아닐까 싶다.

간혹 체육 시간에 남녀 학생을 운동장에서 같이 운동시키는 모습을 볼 수 있다. 달리기, 던지기, 농구, 배구 등 무슨 운동을 하든 남녀를 가르지 않고 함께 한다. 두 명씩 달릴 때도, 릴레이를 할 때도 남녀 구분 없이 순서대로 뛴다. 남자끼리도 뛰고 여자끼리도 뛰고, 남자 여자가 함께 뛰기도 한다. 여학생이 운동장 구석에서 바지를 갈아입는 것도 스스럼없다. 이렇게 어릴 때부터 남녀가 자연스럽게 어울리는 엑스의 아이들이 부럽기도 했다.

한번은 운동장에서 운동을 한 뒤 잔디밭에서 쉬는 중에 말다툼하는 프랑스 부부를 보았다. 두 사람은 이리저리 옮겨 가면서 끊임없이 다퉜다. 주위에는 우리 부부 둘이 있었는데도 아랑곳하지 않고 큰 소리로 싸웠다. 마구 말을 퍼붓다가 한참 동안 조용한가 싶으면 한 사람이 도망가고 상대가 따라가 다툼을 걸고 한 사람이 건들면 상대가 또 대꾸했다. 남자도 여자도 한 마디도 지려 하지 않았다. 우리나라에선 남자들이 여자들의 잔소리에 먼저 그만두는 편이지 않은가? 서로의 입장을 끝까지 주장한다는 점에서 이들의 모습이 특이하고 신기하기까지 했다.

날카로운 인상과 달리 매우 친절하고 정이 많은 엑스 사람도 있었다. 우리가 엑스에 적응할 수 있도록 도와준 장 세바스찬Jean-Sebastian이란 젊은 친구가 그러했다. 그는 엑스-마르세유 대학에서 막 경제학으로 박사학위를 마치고 그 대학의 경제학 연구소에서 일하고 있었다. 그는 우리가 처음 만난 엑스 사람이라고 할 수 있다.

우리는 엑스에서 문제에 부딪칠 때마다 장에게 도움을 청했다. 프랑스어를 못하고 엑스에도 익숙하지 못했기 때문에 어쩔 수 없었다. 은행 계좌를 열 때도 같이 가 주었고, 식당에 가서 음식을 주문할 때도 도와주었다. 대학에서 하는 세미나에 참석할 때도 강연자가 프랑스어로 발표하면 나중에 그에게 물어서 설명을 듣곤 했다. 그의 영어는 프랑스어 악센트가 강했지만 열심히 설명해 주었다.

이런 일도 있었다. 아마 2015년 부활절 전날이었던 것 같다. 남편이 부활절 전야 미사에 가자고 했는데 나는 피곤해서 혼자 다녀오라고 했다. 그런데 초저녁에 나간 사람이 밤 12시가 되어도 돌아오지 않는 것이었다. 그때만 해도 우리는 프랑스에서 휴대폰을 쓰지 않았기에 연락할 방법이 없었다. 프랑스어를 모르는 내가 한밤중에 나가서 남편을 찾아다닐 수도 없는 일이었다. 고민 끝에 장에게 전화를 걸었다. 장이 놀라면서 성당에 가 보겠다고 했고, 한참 후에 혼자서 집으로 찾아왔다. 성당에 갔는데 문이 굳게 닫혀 있더라는 것이다. 전야 미사가 이미 끝난 것이 아닌가 추측했다. 나는 몹시 걱정되었지만 고맙다고 하고 그를 돌려보냈다. 그런데 새벽 1시 30분쯤 남편이 돌아왔다. 미사가 오래 걸렸다고 한다. 성당 큰 문은 닫혀서 옆의 작은 문으로 나왔단다. 별일 아닌 해프닝으로 끝났지만 한밤중에 달려와 도와준 장이 무척 고마웠다.

은행 계좌에 문제가 생기기도 했다. 프랑스는 은행 보안이 철저한 데다 우리가 계좌를 연 지 얼마 되지 않아서 일주일 현금 출금액에 제한이 있었다. 그러다 보니 스위스의 로잔에서 열리는 학회에 등록하고 여행 경비 등을 준비해야 하는데, 돈이 계좌에 있어도 인출할 수가 없었다. 장에게 사정을 털어놓으니 흔쾌히 돈을 빌려주었다. 돈을 빌려주는 것은 민감한 부분이고 더구나 장 자신이 돈이 많은 것도 아니었을 텐데 도와주었다. 장 덕분에 우리는 아름다운 로잔에서 열리는 학회에 문제없이 참석해 발표할 수 있었다.

너무나 고마워서 우리는 장을 한국 식당으로 불러 불고기 요리를 대접했고, 부족한 요리 실력이지만 집으로 초대해서 저녁을 함께하기도 했다. 그때 처음 그의 가족 이야기를 들었다. 그의 아버지는 튀니지 사람으로 의사이고, 어머니는 프랑스인으로 이 근처 출신인데, 어릴 때 부모가 이혼했다고 한다. 장은 어머니와 함께 외가에서 자랐고 아버지는 튀니지로 돌아가서 재혼했단다. 그는 자신의 정체성을 프랑스인으로 생각하고 있는 것 같았다. 엑스에서 고등학교와 대학을 나왔으니 그럴 만했다.

장은 열한 살 때까지 해마다 여름이면 튀니지에 가서 아버지와 지냈는데, 이후 무슨 일이 있었는지 아버지와 연락을 끊었다고 했다. 20년쯤 지난 어느 날 페이스북에서 우연히 자신의 이복 누이동생을 만났다고 한다. 장은 가족의 인연을 끊었지만 튀니지 사람들은 가족을 중요시해서 아버지가 집에서 항상 장 이야기를 한 모양이었다. 이복 누이동생이 그를 보고 싶어해 많이 당황했지만, 아버지를 미워한 것이지 누이동생까지 미워할 일은 아니라고 생각하고 받아들이는 것 같았다. 그러면서 그는 우리처럼 오랫동안 결혼 생활을 하는 것을 부러워했다. 우리는 그가 100퍼센트 프랑스인이 아니기 때문에 더 친절하고 정이 많았던 것이라고 짐작했다. 장은 한참 뒤에 프랑스의 어느 대학에 교수로 임용되어 엑스를 떠났다.

외딴집을 한국학 허브로 만든 부부

엑스-마르세유 대학에서 한국학을 가르치는 장 클로드 Jean Claude de Crescenzo 교수와 김혜경 교수 부부도 엑스에 와서 알게 되었다. 이들은 학생들에게 한국어와 한국문화를 가르칠 뿐만 아니라 한국 문학 작품을 프랑스어로 번역, 출판해 소개하는 일도 하고 있다. 엑스-마르세유 대학에서 한국어 강좌가 인기라서 스페인어보다 수강생이 더 많다고 한다.

이분들은 프랑스어를 잘 못하는 우리를 자주 집에 초청해서 여러 이슈에 대해 토론하고 특히 맛있는 음식을 직접 요리해서 대접해 주었다. 우리뿐만 아니라 많은 한국 사람을 그렇게 대접해서 이 집은 일종의 한국학 허브와 같은 역할을 했다. 학문적으로나 인간적으로나 훌륭하고 마음이 따뜻한 분들이었다.

김혜경 교수 부부의 집은 엑스와 마르세유의 중간쯤 위치한 휘보Fuveau라는 곳에 있는데, 이웃이 보이지 않는 그야말로 산속에 있는 집이다. 집은 오래되어 보였고, 밖에는 온갖 나무와 풀이 무성했다. 차에서 내려서 현관으로 들어가는 길에는 징검다리처럼 돌을 드문드문 깔아 놓았는데 며칠만 방치하면 풀들이 자라 집 안에 들어가기 어려울 정도라고 했다.

우리는 자주 김혜경 교수의 산속 집에 가서 저녁을 먹었다. 김 교수는 초대할 때마다 다른 요리를 만들어 우리를 감탄하게 했다. 식탁은 언제나 화려했다. 전채요리를 내놓을 때도 색깔을 고려하는 것 같았다. 빨강, 노랑, 초록 토마토를 색깔별로 놓았고, 녹색 멜론 위에 분홍빛 하몽을 올려 먹기 전에 색깔로 마음을 사로잡았다. 여름에 나오는 작은 꽁치로 요리를 해 주기도 했다. 와인은 여름에 주로 마신다는 옅은 핑크빛 로제 와인을 내놓았는데 시원하면서도 음식과 잘 어울렸다. 음식만 예쁜 것이 아니라 식탁보와 접시도 구색을 잘 맞췄다. 마타리꽃 같은 기다란 야생화 무늬의 식탁보에 딱 맞는 야생화 접시 세트까지 모든 것이 완벽했다. 이런 것이 프로방스의 감성일까 하는 생각이 들었다.

아들네 식구들까지 와서 함께 방문했던 날은 정원의 화덕

에서 바비큐를 구워 먹었다. 미안하게도 우리 식구가 많아서 차 두 대로 그 집까지 태워 주고 다시 데려다주고 했다. 잔칫집처럼 왁자지껄하니 분위기가 좋았다. 손주들은 바비큐 화덕을 열심히 들여다보고 잔디밭의 디딤돌을 건너다니며 즐거워했다.

야외 식탁에서 식사가 끝났을 때였다. 갑자기 불이 꺼져 깜깜해졌다.

"무슨 일이지?"

갑작스러운 일에 당황하고 있는데, 어둠 속에서 소리가 들렸다.

"축하합니다. 결혼기념일을 축하합니다."

수많은 촛불을 켠 커다란 케이크가 눈앞에 등장했다. 남편과 나는 깜짝 놀라 자리에서 일어섰다.

"이게 무슨 일이래요? 정말 감사합니다."

이날이 우리 결혼기념일이라는 것을 어떻게 알았는지 모르겠지만 그 따뜻한 마음에 몹시 감동했다. 김혜경, 장 클로드 교수 부부는 그렇게 다정하고 배려심 깊은 사람들이었다. 나는 와인을 한 잔만 마셔도 빨갛게 되어 뻗어 버리는데 이날은 분위기 덕분인지 취하지 않았다. 두 분이 오랫동안 프랑스 시골에서 살아서 그런지 만날 때마다 따뜻한 정이 흘러넘쳤다.

남도를 좋아하는 마르세유 사람

김혜경 교수의 남편인 장 클로드는 마르세유 출신인데, 꼭 남도 사람 같은 푸근한 인상을 받았다. 그는 한국 작가들을 좋아하고, 부인 없이도 혼자 서울에 와서 인사동에서 막걸리 마시는 걸 좋아한단다. 한국의 시골, 특히 전라도 장흥을 좋아해서 자주 방문한다고 했다. 그는 절대 생색내지 않고 묵묵히 할 일을 하면서 조용히 남을 도와주는 사람이었다.

장 클로드는 할아버지가 이탈리아의 나폴리에서 마르세유로 이민 온 사람으로 마르세유에서 태어나고 오랫동안 그곳에서 살았단다. 마르세유 토박이인 셈이다. 마르세유에는 노동자 집단과 이주민이 많이 살고 있다고 한다.

그는 원래 신문방송학 전공자이자 문화 연구자로, 정부 정책 연구도 많이 하는 잘나가는 교수였는데 어느 날 그것을 집어치우고 한국학 교수로 전환했다고 한다. 부부는 출판사를 운영하면서 한국 문학을 프랑스어로 번역해서 알리는 작업을 하는데, 한국문학번역원에서 번역상도 받은 유명인사이다. 그만큼 그는 프로방스나 마르세유에 대해서도, 한국에 대해서도 잘 아는 사람이라 할 수 있다.

그에게 프로방스 사람들의 특징을 물어보니, 엑수아와 마르세유 사람들은 좀 다르다고 한다.

"인류학적으로도 보고 사회학적으로도 봐야 해요."

그는 이렇게 말하면서 엑수아나 마르세유 사람들은 좋은 날씨와 뜨거운 태양 덕분에 밝은 성격인 건 비슷하지만, 사회학적으로 보면 마르세유 사람과 엑수아는 많이 다르다고 했다. 엑수아는 중상류층의 지식인, 교육자, 관료들이라면 마르세유 사람들은 노동자들이 많은데, 이런 계급적 특성에 따라 그들의 성향도 다르다는 것이다. 엑수아가 개인주의적이라면 마르세유 사람들은 보다 공동체적이고 작은 것이라도 나눠 먹고 서로 도우며 사는 성향이 있다는 것이다. 그리고 엑수아들이 냉정하고 계산적이라면, 마르세유 사람들은 보다 격정적이고 감정에 잘 휩쓸려 갈등에 빠지기도 하지만 그래도 서로 연대하며 잘 어울려 살고 있다는 것이다. 정말 재미있는 관찰이고 맞는 말인 것 같았다. 내가 왜 그에게서 남도 사람과 비슷한 인상을 받았는지 알 것 같았다.

그 외에도 엑스에서 여러 사람들을 만났다. 엑스-마르세유 대학의 같은 연구소에 있던 산티아고라는 대학원생과도 특별한 관계를 갖게 되었다. 그는 리옹 북쪽의 스트라스부르 Strasbourg 출신으로 연구소에 자주 나와서 우리와 대화했다. 어느 날 그는 우리에게 중국 베이징과 칠레에 갈 계획이라고 하면서 아직 숙소를 구하지 못해서 고생하고 있다고 말했다. 마침 우리에게는 베이징에 비어 있는 아파트가 있었다.

"그럼 베이징 우리 아파트의 방을 쓸래요?"

"정말이에요? 너무 좋아요."

그래서 우리가 엑스에 있는 동안 그는 베이징의 우리 아파트에서 지냈다. 우리가 다시 베이징에 갔을 때 아파트에서 그를 만날 수 있었다. 그는 젊은 탓인지 베이징 여기저기를 많이 구경하고 다녔고, 특히 프랑스 문화관 근처에 자주 간다고 했다. 정말 특별한 인연이었다.

또 엑스의 알리앙스 프랑세즈에서 아프리카 서남쪽에 있는 부르키나파소Burkina Faso에서 온 한국인 선교사 부부를 만나게 되었다. 그들은 진짜 아프리카는 사하라 이남이라고 하면서 부르키나파소의 기가 막히게 어려운 생활 환경을 설명했다. 사람들이 먹고살 것이 없어서 선교를 하기 전에 먹고사는 문제부터 해결하는 게 급선무라고 했다. 또 "유럽 여러 나라들은 아프리카를 돕는다고 말하면서 실제로는 아프리카에 빨대를 꽂고 핵심을 다 빨아먹고 있다."고 분개했다. 아프리카라고는 남아공밖에 다녀오지 않은 나는 아프리카의 실상을 처음 듣는 것이었다. 식민지 시대가 끝났다고 생각했는데, 실제로는 아직도 식민지 시대가 계속되고 있는 것 같았다.

아침 시장의 신선한 야채와 과일들

프로방스 지방은 남도 못지않게 신선한 식재료가 풍부하다. 우리가 엑스에서 지낸 구시가지 아파트는 장점이 많았는데 무엇보다 아침 시장이 가까웠다. 엑스에 도착하면 바로 다음 날 리셀므 광장의 아침 시장에 가곤 했는데, 그곳에 가면 우리가 엑스에 있다는 게 실감났다.

커다란 플라타너스 나무 아래 산더미처럼 쌓아 놓은 야채와 과일은 세상의 다른 어느 시장보다 신선하고 맛있어 보였다. 붉은색, 노란색, 초록색의 피망, 보라색, 노란색, 흰색의 양파,

초록색과 자주색의 상추, 짙은 보라색 가지, 4월이 제철인 초록색, 흰색의 아스파라거스, 연두색 루꼴라, 노란색 오렌지와 자몽, 붉은색 천도복숭아와 딸기, 자주색 체리, 빨간색과 초록색 사과 등 온갖 빛깔의 채소와 과일이 식욕을 잔뜩 돋웠다. 일주일에 한 번 생선시장도 섰는데 싱싱한 생선과 조개류가 많았다. 통닭구이는 일찍 가지 않으면 금방 동이 났다.

  우리는 아침 시장에서 신선한 야채와 과일, 갓 구운 바게트를 사 와서 점심을 먹었다. 루꼴라를 살살 씻어 올리브유와 발사믹소스를 쳐서 먹으면 쌉싸름한 맛이 입안을 톡 쏘면서 프로방스의 미각을 북돋워 주었다. 봄에 많이 나는 아스파라거스도 살짝 데쳐 먹으면 아삭하니 맛있었다. 생물 대구와 무를 사서 대구탕을 끓여 먹기도 했다. 매운탕은 요리 잘하는 사람이 해도 비린내가 나고 실패할 수 있는 요리라는데 나는 성공했다. 그 이유는 뭐니 뭐니 해도 신선한 재료 덕분이었다. 싱싱한 관자를 사서 버터에 지져 먹기도 했는데 고급 식당에서 먹은 음식 못지않았다.

가끔 시장 옆 카페에 앉아 아침을 먹기도 했다. 사람들이 북적거리는 활기 넘치는 시장을 바라보면서 먹다 보면 없던 입맛도 돌았다. 크루아상과 오렌지주스와 커피가 나오는 간단한 아침이었는데, 크루아상이 기가 막히게 맛있다. 정말이지 엑스의 빵맛은 끝내줬다. 특히 갓 구운 바세트의 맛과 향은 그 무엇에 비할 수 없었다. 우리는 '폴Paul'이라는 빵집에 자주 갔는데 그곳은 저녁때 일찍 가지 않으면 바게트가 다 떨어지고 없었다. 바게트를 사기 위해 일찍 퇴근하다 보면 빵집 근처에서 바게트를 서너 개씩 옆구리에 끼고 가는 사람들을 만나기도 했다.

빵집 하니까 생각나는 일이 있다. 하루는 구시가지를 걷다가 베이글집을 만났다. 오랜만에 베이글을 보니 먹고 싶어졌다. 들어가서 보니 생각보다 선택할 것이 많았다. 플레인부터 양파 든 것, 검은 것까지 다양하게 있었고 소스도 흰색부터 베이지색, 핑크색까지 다양했다.

"여보, 플레인으로 할까? 검은 걸로 할까? 소스는 뭘로 하지?"

뭘 고를지 남편과 한국말로 의논하고 있는데 갑자기 앞에 있던 여점원이 "그거 한국말이지요?" 하면서 자기도 한국말을 배우고 있다고 반가워했다. 영어로 이야기를 나누면서 그녀는 우리가 아는 김혜경 교수에게서 한국말을 배우는 학생이라고 했다. 그러면서 자기는 한국 노래가 너무 좋아 돈 모아서 한국 여행 가는 게 꿈이라고 했다. 김혜경 교수가 대학에서 제2외국어로 스페인어를 택하는 학생보다 한국어를 택하는 학생이 더 많다고, 학생이 너무 많아 강의가 힘겹다고 했는데 그걸 피부로 느낄 수 있었다.

또 어느 날은 로통드 분수대 옆을 지나가는데 가판대에 싸이가 말춤 추는 조그만 인형이 놓여 있는 것을 보았다. '아, 이렇게 케이팝이 인기가 있구나.' 하고 새삼 실감했다. 마음이 뿌듯해졌다.

카프레제 샐러드, 카르파초, 부야베스

프로방스 음식은 건강에 좋은 지중해 요리로 잘 알려져 있다. 레시피가 간단한 것들도 있는데, '카프레제 샐러드Caprese salad'가 그중 하나이다. 카프리섬의 샐러드라는 뜻으로 이탈리아 남부에서 유래한 요리이다. 토마토, 모짜렐라 치즈, 루꼴라, 발사믹소스를 준비한 다음, 토마토를 동글납작하게 썰고 모짜렐라 치즈도 같은 모양으로 썰어서 번갈아 접시 가장자리에 돌려서 놓고, 루꼴라를 접시 가운데 놓으면 끝이다. 먹을 때 올리브유와 발사믹소스를 뿌려서 먹으면 된다.

이 요리는 재미있는 유래가 있다. 누군가 카프리섬에 갔는데 그곳 여자들이 모두 살이 찌지 않고 날씬해서 왜 그런지 연구한 끝에 토마토와 모짜렐라 샐러드를 먹어서 그렇다는 것을 알아냈다고 한다. 그것을 '카프레제 샐러드'라는 이름으로 상품화해 이렇게 인기 있는 음식이 되었다고 한다. 빨강, 흰색, 초록색의 세 가지 색깔이 이탈리아 국기 색깔과 같아서 이탈리아를 대표하는 음식으로 여겨지기도 한다. 만들기 쉽고 건강에 좋고 다이어트에도 좋다니 자주 해 먹어도 좋겠다 싶었다. 프로방스 음식의 간단한 레시피 덕분에 콩나물국도 끓일 줄 모르던 내가 척척 요리를 만들어 내기 시작했다.

한번은 남편 컨디션이 좋지 않은 때가 있었다. 걱정이 되어 건강에 좋다는 프로방스 요리를 만들어 주고 싶었다. 그때 생각난 것이 '라따뚜이Ratatouille' 요리였다. 만화 영화 〈라따뚜이〉를 본 적이 있지만 이 요리에 대해서는 알지 못했는데, 간단하게 말하면 프로방스 야채 스튜 요리이다. 인터넷에서 검색해서 레시피를 얻었다.

라따뚜이 요리 방법은 두 가지가 있다. 하나는 가지, 호박, 피망, 토마토, 양파 등을 올리브유에 각각 볶은 후 토마토소스에 한데 넣어 뭉근하게 끓이는 것이다. 다른 하나는 재료들을 색깔 맞춰 동그랗게 켜켜이 놓고 가운데에 토마토소스를 넣어 끓이는 것이다. 모양은 후자가 더 예쁘지만 나는 따로 볶는 방식으로 했다. 그렇게 하는 게 더 맛있을 것 같았다. 토마토소스는 생토마토를 썰어 직접 만들었다. 뜨겁게 먹어도 좋고 식혀서 먹어도 좋다고 한다. 우리는 뜨겁게 먹는 걸 더 좋아했다.

남도에서 참기름 친 육회가 유명하다면 엑스에서는 이탈리아식 쇠고기 육회 '카르파초Carpaccio'가 인기다. 엑스의 식당에서 점심때 많은 사람들이 시켜서 먹는 것을 보고 알게 된 음식이다. 카르파초는 익히지 않은 생소고기를 복어회 뜨듯 아주 얇게 썰어 그 위에 마요네즈, 우스터소스, 레몬주스로 만든 소스를 뿌려 먹는 요리이다. 올리브 오일, 버섯, 양파, 치즈 등과 함께 주로 루꼴라를 곁들여 먹는 차가운 요리 중 하나로 우리 입맛에도 잘 맞는다. 하지만 나는 육회 같은 날고기를 먹지 않아서 이 음식은 먹지 않았다.

이 요리가 처음 만들어진 곳은 베네치아의 산마르코 광장 가까이 있는 해리스 바Harry's Bar인데, 이 식당 겸 바에는 미국 작가 어니스트 헤밍웨이 등 유명인사들도 자주 들렀다고 한다. 1939년에 이곳의 단골인 후작 부인에게 의사가 건강을 위해 날고기를 먹도록 권했는데, 이때 이 식당의 요리사가 송아지 날고기에 마요네즈 베이스의 소스를 곁들여 올린 것이 그 시작이라고 전한다. 마침 베네치아에서는 르네상스 시기의 화가인 비토레 카르파초Vittore Carpaccio의 전시회가 열렸는데 그림의 기본 색조가 분홍색과 붉은색으로 이 요리의 색깔과 비슷해서 카르파초라는 이름이 붙었다고 한다.

도저히 잊을 수 없는 요리는 마르세유 어부 마을에서 먹은 해물 수프 '부야베스bouillabaisse'이다. 원래 이 요리는 마르세유에서 어부들이 좋은 생선을 다 팔고 남은 잔챙이 생선들을 모아 잡탕으로 끓인 생선탕이었다고 한다. 세월이 지나 이 잡어탕은 프로방스의 대표적인 음식 중 하나로 자리를 잡았다. 현재 마르세유에는 엄청나게 많은 부야베스 전문 레스토랑이 있으며 수많은 관광객이 이 음식을 찾고 있다.

부야베스를 알게 되고 먹게 된 것은 순전히 김혜경 교수 부부 덕분이다. 이분들과 함께 마르세유의 땅끝에 있는 어부 마을을 향해 차를 타고 해변을 달리는데, 바다 끝으로 해가 지면서 하늘과 바다가 온통 아름다운 오렌지색으로 물들었다. 프앙

루즈Point Rouge라는 어부 마을에 도착하니 벌써 어둠이 내리고 있었다. 지붕이 나지막한 집들이 이어졌고 좁은 골목에 할아버지, 할머니가 나와 의자에 앉아 있었다. 옛 고향 마을 같은 느낌이었다. 거기서도 더 들어가 마지막 어부 마을인 레구데스Les Goudes를 지나 마침내 목적지인 '그로토Grotto' 레스토랑에 도착했다.

동굴이란 뜻을 가진 레스토랑은 멀리서 보니 마치 둔황의 막고굴처럼 2층, 3층에 아치형의 동굴 모양 방이 있고 조명 때문인지 노란색, 주황색으로 빛나는 울퉁불퉁한 벽들이 분위기 있어 보였다. 안으로 들어갈수록 점점 넓어지는데 본관, 테라스, 동굴, 2층 등 넓은 공간이 나타났다. 우리 좌석은 동굴이었는데 분위기가 좋았다. 예약할 때 만석이라 기다리라고 했다는데 시간이 좀 지나니 과연 그 많은 좌석이 빈틈없이 꽉 찼다.

우리는 그곳에서 부야베스를 먹었다. 전채로 이곳 식당 특유의 생선 수프와 낙지 샐러드를 시키고 주요리로는 먹물 오징어 리소토, 조개 파스타, 새우튀김, 약식 부야베스를 시켰다. 모두 너무 예뻐서 먹기가 아까울 정도였고, 맛도 형언할 수 없을 정도로 좋았다. 부야베스는 푹 끓인 생선 국물의 맛이 구수하니 남도 음식과도 비슷한 깊은 맛이 있었다. 마르세유 사람들 성격이 남도 사람들과 비슷한 것처럼 마르세유 음식도 남

도 음식과 비슷한 것 같았다. 그 구수한 맛이 어릴 때 어머니가 만들어 주신 '안동국시'처럼 푸근한 고향의 맛을 느끼게 해 주었다. 마침 이날이 내 생일이어서 느낌이 더욱 각별했다.

미셸 교수 별장에서 즐긴 프랑스 가정식

프랑스 국립사회과학고등연구원EHESS 교수이자 세계사회학회장을 지낸 미셸Michel Wieviorka 교수는 프로방스에 있는 자신의 별장에 우리를 초대해 주었다. 거기서 먹은 점심은 프로방스의 전통적인 가정식을 보는 듯했다. 별장은 퐁텐 드 보클뤼즈Fontaine de Vaucluse라는 곳에 있었는데, 이곳은 산세가 험하고 곳곳에서 물이 솟아나며 특히 물빛이 아름답기로 유명하다. 14세기 이탈리아 시인 페트라르카Francesco Petrarca가 이곳에 와서 살았다고 한다. 집이 마을 안에 있는데도 마치 산속에 떨어져 있는 것 같은 느낌이 들었다.

엑스에서 버스를 타고 한 시간 정도 가서 카바용Cavaillon 버스터미널에 내려 기다리니 미셸 교수가 마중 나왔다. 가는 길에 강가에서 보트를 미는 젊은이를 보고 손을 들어 인사하면서 자기 아들이라고 했다. 아들이 무슨 일을 하든 존중해 주고 잔소리하지 않는 모양이었다. 주차장에 차를 세우고 오르막길을 올라가는데 이웃인 듯한 사람들이 인사를 했다. 여름마다 이곳에 와서 지내니 이웃들과도 많이 친한 것 같았다.

별장에 도착해서 나무 그늘로 우리를 인도했다. 시원한 그늘 아래 테이블이 차려져 있었다. 화려한 테이블보와 파란색과 노란색으로 과일이 그려진 접시가 프로방스 분위기를 물씬 풍겼다. 그의 부인 베아는 키가 큰 금발의 미인이다. 예전에 파리에서 그의 집을 방문했을 때는 아페리티프만 마시고 밖에 나가서 저녁을 먹었는데, 이번에는 그녀가 직접 요리했다.

카바용은 멜론이 아주 유명하다고 한다. 멜론에 하몽을 얹은 요리부터 라따뚜이, 키슈Quiche 샐러드, 치즈, 포도, 아이스크림, 페이스트리, 커피까지 거의 두 시간을 먹었다. 우리는 선물로 지공다스 와인을 가져갔다. 론강 와인이 보통 와인이라면, 지공다스 와인은 아비뇽 교황청 와인과 함께 이곳 최고의 포도주이다. 미셸 부부는 식사를 하면서 이 지방의 좋은 치즈들을 알려 주었다. 크림치즈는 라자크Larzac, 블루치즈는 로크포르Roquefort, 양젖 치즈는 브레비Brebis가 맛있다고 한다.

식사를 마치고 미셸 교수는 집을 구경시켜 주었다. 부엌, 침실을 거쳐 서재로 올라가니 많은 책과 사진이 있었다. 사진 가운데 인상적인 것은 그가 해발 1,900미터에 이르는 근처 방투산Mont Ventoux 정상에서 자전거로 완주한 기념패를 들고 찍은 사진이었다. 이 산은 유명한 사이클 대회인 투르 드 프랑스 구간 중 가장 험난한 곳으로 알려져 있다. 엑스에서 우리가 차로 생트빅투아르산을 올라갈 때 자전거를 타고 올라가는 사람들을 보았는데 미셸이 바로 그런 운동을 하는 사람이었다. 우리도 엑스에서 운동을 하지만 미셸에게는 비할 수가 없었다. 더 열심히 운동해야겠다는 자극을 받았다.

프랑스어도 못하는 우리를 파리의 집뿐만 아니라 프로방스에 있는 별장에 초대해 주고 자신의 서재까지 보여 준 미셸에게 참 고마웠다.

카페 구르망, 테 구르망

엑스의 빵집에 가면 뿌리칠 수 없는 유혹이 있다. 바로 디저트이다. 나는 한때 에클레르éclair에 꽂혀서 자주 사 먹었다. 페이스트리의 한 종류인 에클레르는 길쭉한 타원형 모양에 크림으로 속을 채우고 위에 초콜릿 등을 바른 것이다. 다양한 크림과 퐁당fondant을 쓸 수 있기 때문에 맛과 색의 종류가 무궁무진하다. 에클레르는 프랑스어로 '섬광, 번개'를 뜻하는 단어인데 왜 디저트에 이런 이름이 붙었을까 궁금했다. 먹어 보니 이해가 되었다. 나는 초콜릿 에클레르를 좋아했는데 한번 먹기 시작하면 너무 맛있어서 순식간에 다 먹어 버렸다. 번개처럼 사라진다고 해서 이런 이름을 쓰지 않았을까?

프랑스 사람들의 디저트 사랑은 정말 대단한 것 같다. 주요리는 남겨도 디저트는 꼭 먹는다. 그것도 다양하게 먹는다. 프랑스어에 '카페 구르망 café gourmand'과 '테 구르망thé gourmand'이라는 말이 있다. 구르망은 '미식가'란 뜻이므로, 카페 구르망은 커피 미식가, 테 구르망은 차 미식가라고 할 수 있다. 우리나라에서 양식을 먹으면 식후에 커피나 차 한잔으로 마무리를 하는 게 보통인데, 프랑스에서는 카페 구르망을 주문하면 커피에 대여섯 가지 케이크와 과자류가 함께 나온다. 테 구르망도 마찬가지다. 작고 네모난 길쭉한 접시에 차와 함께 앙증맞은 조그마한 케이크와 과자가 올망졸망 같이 나온다. 하나씩 맛보는 재미가 쏠쏠하다. 아니 그저 바라보기만 해도 행복해진다. 그러니 안 시키고 배길 수 있겠는가?

5부

아픈 역사 속에서 피어난 치유와 희망의 꽃

5부에서는 남도와 프로방스를 가로지르는 슬픔과 고통이 뒤엉킨 정치와 역사의 뒷면을 살펴본다. 국가권력으로부터 멀리 떨어진 남도는 유배지였고, 자주 왜구의 침략을 받아 스스로를 방어하느라 적지 않은 희생을 치렀다. 현대에 와서도 산업화와 개발에서 뒤처졌다. 프로방스의 마르세유는 오늘날 프랑스에서 두 번째 큰 도시이고 세계를 향해 열린 창구의 역할을 하지만, 오랫동안 타지로부터 이민 온 이방인들이 거주했던 곳이고 나치의 공격을 받아 많은 사람들이 목숨을 잃은 역사가 있다.

남도는 정치적 유배지로서의 아픔을 벗어나 서로에게 따뜻한 시골 문화를 이어받아 도시 생활에 지친 사람들에게 힐링을 선사해 준다. 엑스는 자신의 의지로 환경을 오염시키는 공장이나 철도, 산업시설을 거부해서 오늘날 아름다운 관광지로 명성을 떨치고 있다. 정치적으로 소외되고 버림받은 이곳에서 많은 사람들에게 위안을 주는 뿌듯한 결실이 나왔다. 여기서 우리는 시간의 흐름 속에 슬픔과 기쁨, 고통과 희망이 교차하는 역사의 양면성을 발견한다.

1장

아릿한 역사를 안은 아름다운 강산

유배지가 치유의 땅으로

해남은 역사적으로 원삼국시대에 마한 땅이었다가 삼국시대에는 백제에 속했다. 고려시대인 940년부터 해남현이라는 이름으로 불린 이곳은 수도에서 멀리 떨어져 있어서 중앙의 손길이 미치지 못했다. 그래서 그런지 왜구들의 침입이 잦았고, 주민들이 의병을 조직해 직접 왜구를 물리치는 일이 많았다고 한다. 임진왜란 때 서산 대사 등은 승병을 일으키고 해남을 본거지로 삼아 왜군에 맞섰다.

중앙에서 멀다 보니 이 지역은 오랫동안 유배지로 이용되었다. 많은 죄인이 서울에서 멀리 떨어진 곳으로 보내졌는데 경상도의 남해, 전라도의 해남과 강진, 제주도 등이 대표적인 유배지였다.

남도는 현대에 들어와서도 산업화와 개발에서 뒤처졌다. 먼저 교통 인프라를 보면, 경제개발 5개년 계획으로 경제가 성장하면서 경인고속도로, 경부고속도로에 이어 1973년 대전과 순천을 잇는 호남고속도로가 개통되었으나, 해남을 비롯한 이 지역은 여전히 교통망이 원활하지 않았다. 교통 인프라 구축이 늦어지자 중요 산업 개발에서도 제외되었다. 그로 인해 오랫동안 옛 모습을 탈피하지 못했다.

그런데 산업화와 도시화 등 개발의 역풍으로 각종 환경오염과 자연파괴가 발생하자 상황이 역전되었다. 아름다운 자연이 훼손되지 않고 그대로 보존되어 있는 남도는 사람들이 많이 찾는 곳이 되었다. 한마디로 치유의 땅이 된 것이다. 이렇듯 해남을 비롯한 남도가 아름답고 멋진 관광지로 떠오르게 된 것은 역설적인 면이 있다.

요즘 사람들이 많이 찾는 관광지는 자연이 아름다우면서도 토속적이고 환경이 깨끗하며 역사적인 문화 유적 등 볼거리와 이야깃거리가 많아야 한다. 먹거리가 풍부하고 맛있으면 금상첨화다. 해남을 비롯한 남도는 이 모든 것이 충족되는 곳이다.

예컨대 남도에는 월출산, 달마산 등 멋진 산들이 많고, 리아스식 해안에 주변 섬이 많아 풍경이 남다르다. 특히 해남 근처의 완도, 진도, 보길도, 여수 앞바다의 오동도, 돌산도 등은 아름다우면서도 독특한 볼거리를 가지고 있다. 그런가 하면 대흥사, 미황사, 백련사, 무위사 등 오랜 역사를 가진 사찰도 많다.

무엇보다 남도는 땅이 기름지고 물자가 풍부하여 먹거리가 맛있기로 유명하다. 윤기 흐르는 쌀과 겨울 배추, 제철 나물, 다양한 과일, 홍어와 막걸리 등 토속적인 음식까지 셀 수 없을 정도이다.

남도는 이제 치유의 땅으로 탈바꿈했다. 탈바꿈이란 애벌레가 고치를 거쳐 나비가 되듯이, 그 안의 본질은 변치 않았지만 외형은 완전히 다르게 변하는 것을 말한다. 어쩌면 남도와 프로방스의 자연은 변치 않았지만 이를 보는 사람들의 눈은 완전히 달라졌다고 볼 수 있다. 전에는 가치 있게 생각하지 않았던 것들, 예컨대 푸른 하늘, 맑은 공기, 빛나는 태양, 아름다운 산과 바다, 나무, 풀, 꽃으로 둘러싸인 고즈넉한 시골의 모습이 이제는 무엇보다도 의미 있고 가치 있는 자산이 된 것이다. 그런 점에서 남도와 프로방스는 옛것을 잘 보존하여 새로이 관광지로 탈바꿈한 곳이 되었다.

'남도 중의 남도'라고 할 수 있는 해남은 나만 알고 남은 몰라라 하는 각박한 세상에서 자기가 손해 보는 것을 개의치 않고 남을 배려하고 인심을 나누는 따뜻한 사람들이 사는 곳이다. 몸과 마음이 아픈 사람도 살아갈 힘을 얻고 치유의 경험을 하기도 한다. 이것은 자연이 아름다울 뿐만 아니라 비옥해, 산과 들, 바다에서 나오는 물자와 먹을 것이 풍부해서 생겨난 현상일 수도 있다. 하지만 물자가 풍부하다 보니 오랫동안 침략과 수탈의 대상이 되기도 했고 많은 고난도 겪어야 했다. 이런 상황에서도 다른 사람들과 나누고 배려하는 마음을 지키는 것은 쉽지 않은 일이다. 고난과 수탈을 겪었기 때문에 오히려 당하는 사람의 마음을 헤아릴 수 있었던 것일까? 그렇다면 이것이야말로 진정한 탈바꿈이자 도의 경지에 이른 것이라고 말할 수 있지 않을까?

　지금은 남도의 각 여행지로 가는 교통편이 다양하게 마련되어 있고 문화 유적지도 찾아가기 편하게 개발되어, 각지에서 많은 사람들이 남도를 찾고 힐링의 시간을 갖고 있다.

아픈 역사를 뒤로하고 관광지가 된 마르세유 르 파니에

　리옹과 함께 프랑스 제2의 대도시를 다투는 마르세유는 예전에는 엑스보다 작은 도시였던 모양이다. 마르세유 개선문의 원래 이름이 엑스로 가는 관문Porte d'Aix인 것을 보면 말이다.

　마르세유는 아픈 역사를 가진 곳이다. 구시가지 르 파니에Le Panier가 특히 그러하다. 내가 유럽연합EU 프로젝트 행정 처리를 위해 마르세유에 갔을 때 처음으로 이곳을 찾았다. 책임 연구자인 질 교수는 일이 끝나자 우리를 엑스-마르세유 대학의 마르세유 캠퍼스로 인도했다. 걸어가는 길에 갑자기 5층 높이의 높은 절벽이 앞을 가로막았다. 도시 한복판에 이런 곳이 있다니 의아했다. 그라피티가 마구 그려진 계단을 따라 헐떡거리며 꼭대기까지 올라갔다. 올라가니 시내와는 완전히 다른 풍경이 나타났다. 좁은 골목에 양옆으로 다닥다닥 집들이 붙어 있어 하늘이 좁고 길게 보였다. 여기가 바로 구시가지 '르 파니에'라고 질이 말했다.

그의 설명에 의하면, 이곳에는 7세기부터 외국 이주민과 가난한 사람들이 살아왔는데 처음에는 그리스인들이, 다음에는 이탈리아인들과 코르시카인들이 이주해 왔다고 한다. 나치 시대에는 폭격을 맞아 많은 집이 파괴되었고, 3만여 명이 이곳에서 쫓겨났으며 2천여 명이 강제수용소로 보내졌다고 한다. 산업화 시기에는 알제리 사람들이 이곳으로 많이 오면서 도시가 크게 팽창했다. 언뜻 보아도 지금의 구도심은 젠트리피케이션 gentrification으로 어수선해 보인다. 나중에 마르세유 출신인 장클로드 교수에게 물어보니 구도심에 주로 노동자들이 살았으나 지금은 프티부르주아들이 살고 있고 노동자들은 마르세유 북부 외곽으로 밀려났다고 한다. 이주민들도 사정은 마찬가지라고 한다. 재미있는 점은 도심에서 밀려난 이들이 출신 지역별로 동네를 이루어 모여 살고 있다는 것이다. 어려울수록 공동체의 울타리와 서로 돕는 마음이 절실하기 때문일 것이다.

좁은 골목길을 한참 내려가다 보니 오른쪽으로 공터가 나오고 멀리 둥근 돔 지붕을 한 '샤리테Charite'가 보였다. 그 건물이 바로 엑스-마르세유 대학의 연구소들이 있는 곳이다. 공터는 카페로 활용되고, 벽에는 언덕 위에 다닥다닥 붙은 집, 고기 잡는 사람 등 다양한 그림들이 그려져 있다. 건물들이 많이 낙후되어 우리나라 달동네 같은 느낌을 주는데, 을씨년스러운 빈민

가가 아니라 어딘가 온기가 느껴지는 옛 마을 느낌이었다. 골목마다 공예품 가게가 있고 예술적인 표현을 한 가게도 있다. 한때는 도시에서 가장 빈곤한 지역이었지만, 지금은 작은 매장과 카페가 즐비한 트렌디한 곳으로 변모해서 외지 사람들이 많이 찾고 있다고 한다.

샤리테에서 언덕을 더 내려가면 아름다운 지중해로 연결된다. 구항구를 비롯하여, 유럽및지중해문명박물관 '뮤셈mucem'과 '마조르 대성당Cathedrale de la Major'이 있고 멀리 언덕 위에 파로Farro 공원도 보인다. 마르세유 해변과 파로 공원에서 보는 낙조는 넋을 놓을 정도로 아름답다.

산업화를 거부하고 옛 모습을 보존한 엑스

남도가 산업화에 뒤처져 개발이 지연되었기 때문에 아름다운 자연환경을 오늘날까지 보존하게 된 것과 달리, 엑스가 오늘날의 모습으로 남게 된 것은 이곳 사람들의 산업화에 대한 부정적 시각 덕분이다.

엑스는 역사적으로 로마제국 섹스티우스Gaius Sextius Calvinus 장군의 군대 주둔지로, 프로방스 지역의 백작령 도시였다. 15세기에 이미 대학이 생겼고(1409년 엑스-마르세유 대학 개교) 고등법원이 들어섰던 문화 도시로, 엑스에는 부유한 귀족층이 살아왔다.

프랑스에서 한창 산업화가 진행되고 있을 때 엑스 사람들은 산업화를 거부했다. 산업화의 상징인 기차역 건설도 거부해서 지금 테제베TGV 역은 도시에서 멀찍이 떨어져 있다. 그 덕분에 예전의 모습을 고스란히 간직한 관광 명소가 되었는지도 모르겠다. 만약 테제베 역이 엑스 시내 한복판에 들어왔다면 오늘날 엑스의 모습은 어떻게 달라졌을까? 솔직히 생각하기도 싫다.

엑스의 역사를 간단히 살펴보면, 건조한 주변 지역과 달리 물이 풍부해서 옛 프로방스공국의 수도가 되었다고 한다. 엑상프로방스는 프로방스의 물이라는 뜻인데, 기원전 124년 섹스티우스 장군이 물이 많이 솟아나는 이 땅을 '섹스티우스의 물'

이라고 부른 데서 유래한다. 그래서 이곳에는 지금도 많은 분수가 있다. 그중 가장 크고 유명한 것이 드골 광장의 로통드 분수이다. 1860년에 건립된 이 거대한 분수대의 꼭대기에는 정의(엑스 방향), 농업(마르세유 방향), 예술(아비뇽 방향)을 각각 상징하는 세 개의 조각상이 있다. 이 분수대는 밤낮으로 분수를 뿜어내는데 그 모습이 정말 장관이다.

엑스의 중심지인 미라보 거리에는 로통드 분수 외에도 이끼로 덮여 따뜻한 물을 뿜어내는 온수 분수, 17세기에 세워진 9법령 분수, 르네 왕의 조각상이 세워져 있는 르네왕 분수 등이 있다. 9법령 분수는 1691년에 조성되었는데 아홉 개의 출수구가 있으며 아를에서 소와 양들을 몰고 여름 목초지로 이동하면서 이곳에서 목을 축였다고 한다. 온수 분수는 1734년에 건립된 것으로 섭씨 18도의 바니에르Barniers 온천수가 흐르는데, 그래서인지 늘 파란 이끼가 끼어 있어서 이끼 분수로 불리기도 한다. 르네왕 분수는 1819년에 건립된 것으로, 르네 왕이 프로방스에서 재배한 포도송이를 한 손에 들고 있는 조각상이 새겨져 있다.

가로수길이 아름다운 미라보 거리를 중심으로 구시가지와 신시가지가 남북으로 나누어진다. 구시가지는 좁고 꼬불꼬불한 골목들이 이어져 있고 대부분의 중요한 유적지가 여기에

있다. 길바닥 역시 몇백 년 전에 돌로 깐 오래된 길이다. 신시가지인 마자랭 지구는 17세기에 마자랭이란 사람이 도시를 새로 개혁하기 위해 미라보 남쪽 지구를 부수고 새로 건설한 곳이라고 하는데, 이곳은 길이 넓고 바둑판 모양으로 반듯반듯하며 대저택들이 들어서 있다.

'프로방스의 심장'이라 불리는 엑상프로방스와 그 부근 또한 남도처럼 유명한 관광지가 되었다. 파란 하늘, 맑은 공기, 눈부신 태양 아래 아름다운 산과 바다, 오래된 역사를 간직한 문화 유산을 품고 있기 때문이다. 유명한 화가와 문인들이 살았고 먹거리도 풍부하다.

프로방스 지방에서 엑상프로방스가 론강을 서쪽에 두고 교통, 행정, 교육, 문화의 중심지로서의 역할을 했다면, 남도에서 그 역할을 한 곳은 어디일까? 남도에서는 나주를 꼽을 수 있을 것이다. 나주는 영산강을 무대로 경제적으로 풍요로움을 누렸고, 오랫동안 '남도의 심장' 역할을 했다. 고려, 조선 왕조에 이르기까지 약 천 년 동안(983~1895) 나주목牧으로 지정되었고, 목사가 파견되었다. 요컨대 전라남도의 도청 역할을 했고, 이는 구한말까지 유지되었다. 또한 나주는 해남, 강진 등 남도의 마을 곳곳으로 가는 나들목이기도 하다.

2장

슬픈 유배지와 감옥에서 솟은 희망

사의재의 이방인, 정약용

옛날 공동체(게마인샤프트) 사회에서 이방인의 위치는 참으로 힘들었을 것 같다. 오늘날 대도시에서야 길에서 모르는 사람과 마주치고 이웃집에 누가 사는지 모르는 것을 당연하게 여기지만, 옛 사회에서는 동네에 이방인이 들어오면 몹시 경계하고 의심했을 것이다. 하물며 대역 죄인으로 유배를 온 사람에게 어떻게 행동했을지 가히 짐작이 간다. 독일의 사회학자인 짐멜Georg Simmel은 한 세기도 전에 이방인stranger에 대해 썼는데, 이방인은 그 어떤 고착, 예컨대 익숙함, 믿음 등에 속박되지 않는다고 했다.

다산 정약용(1762~1836)은 경기도 남양주 사람인데 18년 동안 유배 생활을 했고, 멀리 강진까지 와서 11년을 살았다. 그는 공재 윤두서의 외증손으로 해남의 유명한 가문인 윤선도 집안의 후손이기도 하다. 그도 윤두서처럼 남인 가문 출신으로 어려서부터 성호 이익의 학문을 접하고 개혁 사상을 수용했다. 조선 정조 때 관직에 나갔으며 규장각에서 공부하면서 과학자로서의 면모도 보였고, 이 시기에 천주교에 관심을 가지기 시작했다. 그러나 정조가 승하하고 순조가 즉위하면서 집권 세력인 노론의 심한 탄압을 받았다. 결국 천주교 신자들을 잡아들였던 신유박해(1801, 순조 1년) 때 그의 형인 정약종은 사형을

당했고, 정약용은 정약전 등 형제들과 함께 유배 생활을 시작했다. 다산 정약용은 형 정약전과 유배를 오면서 나주목까지 같이 왔다가 하룻밤을 같이 자고 한 사람은 강진으로, 다른 사람은 흑산도로 떠났다.

정약용이 다산초당에 자리 잡기 전까지 머물렀다는 사의재 四宜齋 주막을 찾아갔다. 다산이 강진에 막 유배 왔을 때는 아무도 그를 받아 주지 않았다는데, 이방인에 대한 당시의 물정을 생각하면 충분히 이해할 만하다. 다행히 이 주막의 모녀가 그를 흔쾌히 받아 주어 이곳에 머물기 시작했다고 전한다. 또한 주막 여주인이 다산에게 "어찌 그냥 헛되이 사시려 하는가? 제자라도 가르쳐야 하지 않겠는가?"라고 하여 다산이 제자들을 가르치게 되었다고 한다. 대역 죄인이라 처음에는 아무도 자식을 맡기지 않았으나 점차 다산의 학식과 인품이 알려지면서 학생들이 하나둘씩 찾아왔다고 한다. 다산은 주막 여주인과 그 딸의 보살핌을 받으며 1801년 겨울부터 1805년 겨울까지 4년간 이곳에 머물렀다.

사의재는 '네 가지를 올바로 하는 이가 거처하는 집'이라는 뜻으로, 네 가지는 생각과 용모와 언어와 행동을 가리킨다. 다산은 이 네 가지를 올바르게 하면서 자신을 단련했던 것이다. "생각을 맑게 하되 더욱 맑게, 용모를 단정히 하되 더욱 단정

히, 말을 적게 하되 더욱 적게, 행동을 무겁게 하되 너욱 무겁게" 할 것을 스스로 주문했다고 한다.

현재 사의재 건물에는 토담과 사립문이 옛 모습 그대로 남아 있고 마당에는 주막의 여주인과 딸의 모습을 조각으로 만들어 세워 놓았다. 주막 건물에는 옛날 차림표가 붙어 있다. 장독대 옆에 노란 유채꽃이 피어 그나마 쓸쓸함을 덜어 주었다. 사의재 툇마루에 앉아 이방인이었던 다산을 생각하다 보니 혼혈아로 태어난 뒤마도, 『이방인』을 쓴 카뮈도 모두 이방인이었다는 생각이 들었다.

유배지에서 자기 발견을 한 정약용

정약용이 유배 와서 살았던 강진의 다산초당에 올랐다. 다산초당에 가는 오르막 산길이 힘들었다. 길을 닦고 계단을 만들어 놓았는데도 오르기가 힘든데, 옛날에 유배 와서 길도 없는 산을 오르려면 얼마나 힘들었을까? 다산이 왜 이렇게 높은 곳에 거처를 정했는지 궁금했다.

이곳은 그의 외가인 해남 윤씨 문중에서 주었다고 한다. 유배 온 터라 좋은 땅을 내놓으라고 말하기도 어려웠을 것이다. 혹시 다산이 일부러 이 높은 산을 거처로 선택했을까? 유배 온 김에 세상과 등지고 초연하게 학문에만 정진하려 한 것일까? 혹은 자신도 스님처럼 도를 닦아 보려 했을까? 아니면 그저 나무가 많고 경치가 좋아서? 자꾸 뻗어 가는 궁금증과 상상력으로 다산의 마음을 짐작하고 싶었다.

생각해 보면 유럽의 중세 마을들은 대부분 산꼭대기에 있었다. 프로방스의 중세 성으로 유명한 레보의 샤토 데 보Château des Baux, 독수리 마을 에즈Eze, 리옹의 구시가지를 비롯해 이탈리아의 많은 중세 마을이 그러하다. 그것은 외부의 적으로부터 보호하려는 본능에서 나온 선택이었다. 다산도 그러한 마음이었을까?

"부모님께 효를 다하세요. 다산 선생님 말씀입니다."

다산초당 아래에서 오가는 사람들에게 다산의 말씀을 큰 소리로 외우며 그의 가르침을 전하는 자칭 '다산초당 산지기'라는 분을 만났다. 그는 다산의 외종손으로 다산에 대한 책도 썼고 다산에 대해 많이 알고 자료도 많이 갖고 있는 윤동환 씨이다. 그분 말씀에 의하면 이곳 다산초당 터에는 원래 해남 윤씨가 하는 서당이 있었는데, 백련사의 혜장 선사(1772~1811)와 친교를 나누던 다산이 이곳에 와 보고 명당임을 알고 거처를 정했다고 한다. 마침 서당에는 천여 권의 책이 남아 있어서 많은 책을 읽고 많은 책을 쓴 다산 정약용이 탄생할 수 있었다고 한다. 이것은 기록에 굉장히 충실했던 다산이 직접 기록한 내용에 나온다고 한다.

만약 다산이 유배당하지 않고 조정의 고위 관료로 남아 있었다면 그는 어떻게 되었을까? 그 많은 책을 읽지도 쓰지도 못하고 유능한 관료로 생을 마감했을 것이다. 다산은 유배를 왔기 때문에 새로운 인간으로 탈바꿈할 수 있었던 것이 아닐까?

너무 동떨어진 비교라고 할 수도 있겠지만 내 경우에도 적용할 수 있을 것 같다. 내가 아팠기 때문에 내 병을 기록하는 책을 쓸 수 있었고, 이제까지와는 다른 삶을 시작할 수 있었다. 만약 아프지 않았더라면 병을 기록할 생각도 못 했을 것이고, 프로방스와 남도를 비교하는 이 책을 쓸 생각조차 못 했을 것이다.

  다산초당 입구에 다다르니 다산이 외로울까 봐 걱정했던 나의 염려는 기우로 끝났다. 입구 쪽에 제자들이 공부하던 방인 다성각(서암)이 보였다. 이곳에 '다산학단'을 이룰 정도로 많은 제자가 모여들었다고 하니 다산은 학자로서 복이 많은 사람이다. 제자들을 가르치고 토론하면서 유배의 외로움을 달랬을 것 같다. 아니 유배의 외로움을 달래는 것이 아니라 유배를 통해서 오히려 자신의 학문을 발전시키고 제자들을 양성하며 자신의 지식과 힘과 능력을 기르는 바탕을 마련한 것이다. 이런 의미에서 유배 생활은 다산에게 탈바꿈을 가능하게 한 힘의 원천이 되었다고 할 수 있다.

가장 인상 깊었던 것은 다산초당의 한 방에 걸려 있던 글귀였다. '독서가 인간이 첫째로 해야 할 맑은 일이다讀書是人間第一件淸事.' 의미를 생각하니 이것은 맑은 삶을 살려는 다산의 결기가 아니었을까 싶다. 예리한 현실 관찰, 부조리한 사회 현상을 바로잡으려는 무서운 결기가 이 글귀에서 엿보인다.

다산은 책을 많이 읽기도 했지만 기록도 많이 했다. 모든 것을 기록으로 남겨 두었다. 목민관으로 있을 때는 백성들의 어려운 상황에 대해 많은 시를 남겼고, 이곳 산 위에 거처를 정한 까닭도 기록해 두었으며, 거중기를 어떻게 만들었는지도 꼼꼼하게 기록해 놓았다. 심지어 자신의 묘비문도 미리 다 써 놓은 사람이다. 정말 대단한 기록광이라고 할 수 있다

입구에는 백련사 가는 길 표지판도 보였다. 정약용은 백련사의 혜장 선사와 종교와 나이를 초월해서 학문을 논하고 차를 나눈 것으로 유명하다. 또한 훗날 혜장 선사가 소개해 준 초의 선사 등 여러 사람들과 교우를 맺었다.

앞마당에는 정약용이 차를 끓일 때 썼다는 넓적한 바위가 있었다. 바위에 쓰여 있는 '다조茶竈'는 우리말로 차를 끓이는 부뚜막이라는 뜻이다. 그는 때로 솔방울을 주워다가 이 부뚜막에서 물을 끓여 차를 만들어 마셨다고 한다. 혜장 선사와 초의 선사에게 차를 배웠는데, 차를 좋아해서 두 선사에게 차를

빨리 보내 달라고 조르기도 했단다. 다산초당이 자리한 만덕산은 차나무가 많아 다산이라고도 불렸는데, 다산이라는 정약용의 호는 이 산 이름에서 따온 것이다. 또 초당 옆 바위에는 자기 성을 따라 커다랗게 정석丁石이라고 새겨 놓았는데 마치 자신이 이곳에 살다가 간다고 표식을 남긴 것 같다.

다산초당에서 좀 더 걸어 올라가니 천일각이 나왔다. 원래는 동암재라고 불리던 언덕인데 최근에 정자를 지어 놓은 것이다. 높은 언덕에 있어서 아래로 강진 바다와 맞은편 산과 마을, 들판이 보였다. 정자의 위치가 좋아 경치가 기가 막히게 아름다웠다. 다산은 이 언덕에 올라 흑산도로 유배 간 형 정약전을 그리워했다고 한다. 서울에서 함께 유배를 내려와서 나주목에서 헤어진 이후 다시는 서로 만나지 못했으니 그 마음이 얼마나 안타까웠을까?

정약용은 유배로 관직을 잃고 가족과 이별했지만, 강진 유배 생활을 통해 새로운 제자들을 만나고 『목민심서』 등 경제, 사회, 정치, 문화를 총망라하는 500여 권의 방대한 책들을 쓰게 되었으니 인생의 새로운 전환점을 맞은 것이 아닌가? 하나의 문이 닫히면 다른 문이 열리고, 하나를 잃으면 다른 하나를 얻는 것, 그것이 인생 아니겠는가?

산을 내려와 점심을 먹고 다산박물관에 들렀다. 들어가자마

자 커다란 공간에 다산과 제자들이 둘러앉아 책을 보는 조형물이 보인다. 박물관에는 정약용의 강진 유배 생활을 보여 주는 조형물이 있다. 처음 강진에 와서 4년간 머물렀던 주막 사의재, 혜장 선사의 주선으로 머문 보은산방, 혜장 선사가 입적한 후 잠깐 머물렀던 제자 이청의 집, 그리고 마지막으로 해남 윤씨의 도움을 받아 머물게 된 다산초당의 원래 모습까지 볼 수 있다.

정약용이 다산초당에 머물면서 쓴 여러 서책과 편지들도 전시되어 있다. 다산은 목민관으로 부임하는 길에, 그리고 유배를 떠나는 길에 본 불행한 백성들의 모습과 이들을 억압하고 착취하는 양반 세도가와 관료들의 모습을 담담하게 묘사하는 시들을 썼다. 「애절양」, 「호랑이 사냥」 등이 한 예이다. 또한 여러 사회 부조리에 대해 실학적 관점에서 자신의 의견을 제시한 책들을 썼다. 그가 쓴 500여 권의 책 중에 '1표 2서'라 불리는 『목민심서』, 『흠흠신서』, 『경세유표』는 주요 저서로 꼽힌다.

여러 책을 찬찬히 보면서 나는 서양 이론에만 관심을 가졌고, 우리나라 학자와 학문에는 관심을 두지 않았다는 반성이 들었다. 사회학이 서양에서 시작한 학문이기는 하지만, 생각해 보면 다산이야말로 당대의 사회학자라고 할 수 있지 않겠는가? 그렇다. 이런 다산이야말로 우리나라 최초의, 어쩌면 세계

최초의 사회학자일지 모른다는 생각이 들었다. 다산은 사회학의 창시자인 콩트Auguste Comte보다 30여 년 먼저 태어났다.

다산의 서책들을 유심히 살펴보다 보니 눈에 띄는 책이 있었다. 『목민심서』의 영어 번역본인 『Admonition to Governing the People』인데, 이 제목은 다산이 남긴 뜻과 맞지 않아 보였다. 다산은 목민관은 아니지만 목민하는 '마음으로' 이 책을 써서 백성들에 대한 애정과 애절함을 담고 있는데, 이것을 Admonition(책망, 경고)이란 단어로 표현해서 훈계하는 느낌의 다른 책이 된 것만 같았다.

개인적인 편지들도 인상적이었다. 특히 부인 홍씨가 시집올 때 입었던, 이제는 색이 다 바래 버려 붉은 치마에 쓴 『하피첩』이 마음에 와닿았다. 하피霞皮는 노을빛 치마라는 뜻이다. 홍씨는 자신의 치마를 유배지의 다산에게 보내 주었고, 다산은 치마를 여러 폭으로 나누어 두 아들에게 교훈이 될 만한 구절을 적어 보냈다. 다산에게서 나라와 백성을 생각하는 학자의 면모뿐 아니라 가족을 생각하는 인간적인 마음을 볼 수 있었다.

그런데 알고 보니 다산은 해남에서 새 아내를 맞이하여 슬하에 딸을 두었다고 한다. 그래서 홍씨 부인의 딸이 시집갈 때 하피에 그려 준 것과 똑같은 '매화병 제도'를 새 아내의 딸에게도 그려 주었다고 한다. 꽃을 피우기 시작한 매화가지 위 한 쌍의 멧새가 다정스럽게 앉아 있는 그림이다. 다산은 많은 제자를 양성하여 유배지를 고향과 같은 힘의 원천으로 탈바꿈시켰을 뿐만 아니라 새로운 가족을 맞으면서 또한 타향을 고향화했다고 할 수 있다.

이프섬에서 힘을 길러 복수한 『몬테크리스토 백작』

한국의 땅끝에 해남과 강진이라는 유배지가 있다면 프랑스의 땅끝에는 프리울섬Frioul archipelago을 이루는 한 섬인 이프섬Île d'If이 있다. 마르세유 앞바다에 있는 이프섬은 돌로 된 요새로 원래 마르세유를 방어할 목적으로 지었으나, 파리에서 멀리 떨어져 있고 망망대해 속 섬이라 탈출이 어렵다는 이유로 전체가 감옥으로 이용되었다. 주로 정치범과 종교 범죄자를 수용했다. 지금은 교도소로 사용하지 않으며 일반인이 구경할 수 있다.

이프섬이 정확히 어떤 곳인지는 잘 몰랐지만 알렉상드르 뒤마Alexandre Dumas(1802~1870)가 쓴 『몬테크리스토 백작』과 관련이 있다기에 호기심이 생겨서 가 보기로 했다. 엑스에서 버스를 타고 마르세유 생샤를Saint Charles 역에 내려 구항구까지 걸어갔다.

마르세유 구항구에는 몇 가지 명물 시설이 있다. 하나는 길

위 천장 전체에 달린 거울이다. 언뜻 보면 차들이 천장에 거꾸로 매달려 달리는 것 같은 착각을 불러일으킨다. 재미있는 동화나라에 온 것 같은 느낌도 든다. 천장을 쳐다보고 사진을 찍으면 사진 속에 내가 있다. 화가들이 거울 천장 아래에서 그림을 내다 팔기도 한다. 한번은 우리 집에 놀러 왔다가 이프섬에 같이 간 한 여교수가 그림을 샀다. 파란색과 노란색이 들어간 전형적인 프로방스의 그림이었는데 서울 아파트에 갖다 놓으니 집이 환해 보인다고 좋아했다. 다른 하나는 대관람차이다. 이것을 타면 마르세유 시내와 항구와 바다 전경이 잘 보인다. 그리고 배를 타는 선착장이 있다. 지중해 유람선 등 대규모 유람선은 다른 항구를 이용하고, 구힝구에서는 근처의 이프섬이나 칼랑크 국립공원에 가는 비교적 작은 유람선을 운항하고 있다.

 유람선을 타고 이프섬에 내리니 지중해 바다 색깔이 잉크를 풀어 놓은 것처럼 파랗다. 그래서 지중해를 쪽빛이라는 뜻의 '아주르'라고도 부르는 모양이다. 멀리 마르세유 시내가 보였다. 이렇게 아름다운 곳이 감옥이었다니. 계단을 따라 올라가서 표를 사고 입장하면, 뒤마와 소설 『몬테크리스토 백작』을 소개하는 커다란 패널들이 줄지어 서 있다. 돌로 된 감방 안에서는 창살을 통해 새파란 바다와 하늘만 보이고 파도 소리가

크게 울려서 무서운 기분이 들었다. 지하 감방도 있었다. 감방에는 그곳에 있었던 죄수들의 이름이 걸려 있다.

여러 감방들 중 특히 인상 깊은 곳은 『몬테크리스토 백작』에 등장하는 에드몽 당테스와 파리아 신부의 방이었다. 소설 속 묘사대로 에드몽 당테스가 갇혀 있던 감옥 방에는 커다란 구멍이 뚫려 있는데 그리로 어린아이가 들어갔다 나올 수 있을 정도였다. 실제로 구경하던 어떤 아이가 그 구멍에 들어가는 것을 보았다. 파리아 신부의 방에도 구멍이 있는데 그것이 에드몽 당테스의 방과 연결되는 터널인 것 같았다. 오랫동안 갇혀 있던 두 사람이 터널을 뚫고 마침내 만나는 장면이 그림으로 그려져 있는데 인간의 모습이라고 할 수 없는 몰골이었다.

알렉상드르 뒤마는 이 섬에 몇 번 와서 보고 『몬테크리스토 백작』의 줄거리를 구상했다고 한다. 주인공 에드몽 당테스는 프랑스의 한 무역회사에서 잘나가는 젊은 항해사이다. 당테스는 항해 능력이 출중한 인물로, 선장 승진을 앞두고 약혼녀와 결혼식을 올리는 등 인생의 절정기를 막 맞이하려 한다. 그런데 에드몽 당테스를 시기한 친구들이 나폴레옹의 편지를 빌미로 당테스를 함정에 빠뜨리고, 검사 빌포르가 이를 묵과하면서 에드몽 당테스는 누명을 뒤집어쓰고 정치범들의 감옥인 이프성채에 수감된다. 감옥에서 비상한 학문과 교양을 갖춘 인물인 파리아 신부를 만나게 된다. 에드몽 당테스는 그에게서 각종 학문과 귀족으로서의 소양을 배우고 르네상스 시기의 이탈리아 추기경이 보물을 숨겨 둔 장소에 대해서도 듣는다. 그리고 파리아 신부가 죽자 그의 시체를 담은 자루에 들어가 탈출에 성공한다. 이후 에드몽 당테스는 몬테크리스토섬에서 보물을 찾고 이탈리아 토스카나에서 백작 작위를 사서 몬테크리스토 백작으로 신분을 바꾼 뒤 프랑스로 돌아가 원수들에게 복수한다.

소설의 내용을 따라가면 에드몽 당테스와 다산은 비슷한 면이 보인다. 다산은 유배로 많은 어려움과 고통을 겪었지만,

유배지에서 훌륭한 제자들과 현자들을 만난 덕분에 많은 책을 쓴 대학자가 되었다. 에드몽 당테스도 감옥에서 많은 고통을 겪고 파리아 신부를 알게 되어 학문과 소양을 익히고 보물을 숨겨 둔 장소까지 찾아서 복수할 수 있었다. 즉 유배지와 감옥에서의 경험이 그들로 하여금 자기 자신을 재발견하고 힘을 기르는 좋은 자양분이 된 것이다.

『몬테크리스토 백작』은 현대 장르소설에서 모든 복수물의 기원이 되는 작품이라고 한다. 뒤마는 어떻게 이런 복수극을 쓰게 되었을까? 그것은 아마 그의 생애와 관련 깊은 것 같다. 그의 할아버지는 코트디부아르에서 원주민 여성과 결혼했는데, 그로 인해 뒤마는 혼혈아라는 이유로 고통과 빈곤의 시절을 보냈고 여러 차별을 경험했다고 한다. 아직 인권 개념이 확립되지 않았을 때이고 사회 부조리와 차별로 얼룩진 시대였으니 그럴 만도 했을 것이다. 이것이 그에게 아픈 경험으로 각인되어 자신이 겪었던 시절에 대한 앙갚음으로 세상에 복수하는 이런 소설을 탄생시켰을 것이다. 혼혈인이라는 정체성이 평생 그의 생애를 지배한 것이다. 그는 『몬테크리스토 백작』 외에도 『삼총사』 등 통쾌하고 기발하고 재미있는 소설들을 많이 써서 프랑스의 대표적인 작가 중 한 사람이 되었다.

뒤마와 다산은 자신이 살던 사회의 비리와 음모와 모순과

착취 때문에 억울하게 당하면서 살아간 사람들에 대해 글을 썼다는 점에서 공통점이 있다. 다만 뒤마는 통쾌한 복수극을 썼던 반면, 다산은 억울하게 유배를 당했지만 그의 울분과 분노는 자신보다 백성들의 한을 대변한 것이었다. '한恨'이란 몹시 원망스럽고 억울하거나 안타깝고 슬퍼서 응어리진 마음을 말한다. 다산이 쓴「애절양」이 그러했고「호랑이 사냥」이 그러했다. 그는 백성들이 품은 한을 담담하게 사실을 묘사하듯이 시로 썼지만 그 시에는 한이 서리서리 담겨 있다. 그렇지만 그에게 행동으로 직접 나서는 복수란 없었다. 마음에만 한을 품고 혼자 넋두리하고 삭일 뿐 복수라는 행동으로 나아가지는 않았다. 이것은 한국인의 특징인가? 마음에 품은 원한을 복수라는 구체적인 행동으로 옮겨서 카타르시스를 선사하는 뒤마의 복수극과는 정말 대조적인 세계관이라고 할 수 있다.

감방들을 본 뒤 나선형으로 꼬불꼬불 돌아가는 계단을 걸어 올라가 꼭대기의 생크리스토프 타워로 올라갔다. 탁 트인 옥상이 나타났다. 그곳에서는 마르세유, 프리울섬 등 바다 사면을 다 볼 수 있었다. 옥상의 볼록하고 둥그스름하게 올라온 곳에서 말을 하니 소리가 이상하게 울렸다. 서울의 환구단, 베이징의 원구단에도 그런 장소가 있는데 무슨 조화인지 신비로웠다.

그날따라 구름이 몰려왔다 사라졌다 했다. 마르세유의 상징인 노트르담 드라가르드 성당Basilique Notre-Dame-de-la-Garde이 구름 위에 붕 떠 있는 성처럼 보여 꿈결인가 싶었다. 옆 섬쪽을 바라보니 이곳 이프섬에서 배로 멀지 않은 곳에 있는 디귿자 모양의 생에스테브 해변과 파란 바다와 흰 모래사장, 까만 바위가 정말 아름답게 보였다. 곧장 바다로 뛰어들고 싶은 충동이 일었다.

루르마랭에서 고향을 발견한 카뮈

2016년 7월 어느 날 오후에 카뮈의 흔적을 찾아 루르마랭Lourmarin에 다녀왔다. 뤼베롱에 있는 조그만 마을인데 영국인 피터 메일Peter Mayle이 쓴 책 『프로방스에서의 일 년』으로 세계적으로 유명해진 곳이다. 알베르 카뮈Albert Camus(1913~1960)는 이곳이 고향 알제리와 비슷하다면서 자주 들렀고, 1957년에는 이곳에 집을 사서 살다가 3년 뒤 자동차 사고로 갑작스럽게 운명을 달리했다. 카뮈는 아내에게 자신이 죽으면 이곳에 묻어 달라고 했다고 한다.

카뮈의 무덤이 있는 공동묘지에 도착했다. 무조건 들어가서 찾으니 그의 무덤이 어디에 있는지 도무지 알 수가 없었다. 다시 입구로 나와서 보니 카뮈 묘지라는 화살표가 있었다. 화살표 끝자락에 카뮈와 부인의 무덤이 나란히 있었다. 돌로 된 그의 무덤은 생각보다 무척 소박했다. 카뮈는 『이방인』에서 인간의 부조리함을 다뤘다. 알제리 출신의 작가이자 언론인인 그가 프랑스 사회나 루르마랭 커뮤니티에서 얼마나 잘 받아들여졌을지 궁금했다. 그가 계속 이방인, 반항이라는 용어를 붙들고 있었던 것을 보면.

공동묘지를 나와 마을 쪽을 바라보니 뒤에 산들이 병풍처럼 둘러 있고 중간에 부드러운 황톳빛 건물들이, 앞에는 누런 빛깔의 들판이 있었다. 아담하고 평온해 보였다. 마을 입구로 가서 '알베르 카뮈 길'을 찾았다. 교회 쪽으로 구부러진 작은 내리막길이었다. 팻말이 무성한 담쟁이 잎에 가려 보일 듯 말 듯했고, 카뮈의 집은 어디인지 표시조차 없었다. 관광객들이 하도 많이 찾아와서 표시를 없애 버렸다고 한다.

다음 해에 다시 루르마랭에 들렀을 때 운 좋게 카뮈 전시회를 만났다. 카뮈의 책들을 비롯해 개인적인 사진과 손편지부터 그의 뉴스가 실린 신문들, 만화들을 볼 수 있었다. 시기별로 그의 관심 분야와 성향을 분류해 놓은 그래프도 있었다.

코로나19 팬데믹 이후에 나는 『페스트』를 읽었다. 페스트가 창궐할 때 사람들이 시민방역대를 조직해 대항하는 내용을 보면서 카뮈가 인간의 부조리, 허무주의를 극복하는 방법을 진지하게 고민했다는 생각이 들었다.

카뮈는 왜 이곳을 제2의 고향으로 생각했을까? 그는 이렇게 말했다.

"나를 자신에게로 그렇게 멀리 또 그렇게 가깝게 데려다준 것은 지중해 지역 외에 다른 곳은 없었다."

카뮈가 그랬던 것처럼 다산도 멀리 유배 와서 이방인이 되면서 자기 자신을 더 잘 발견했던 것일까? 외지에서 더 편안하고 고향처럼 느낄 수 있고, 더 자신에게 가까이 다가갈 수 있게 된다는 뜻일까? 그렇다면 이것은 이방인의 역설이다. 이방인은 그 어떤 고착, 예컨대 익숙함, 믿음 등에 속박되지 않는다고 썼다는 게오르크 짐멜의 말이 맞는 것 같다.

이방인이라는 공통점을 지닌 다산과 뒤마와 카뮈 모두 사회 부조리에 대해 날카로운 눈으로 지켜보았고 그것을 글로 남겼다. 그들이 자의든 타의든 타향에 왔고, 이로 인해 고통을 겪었기 때문에 이런 글을 쓸 수 있었던 것이 아닐까? 이방인이기 때문에 부조리를 더 잘 볼 수 있었던 것은 아닐까? 그들이 더 나아가 새로운 삶, 새로운 사회를 모색했음을 보면 이방인이어서 보다 자유롭게 생각한 것이 아닐까 싶다. 또한 그들이 이방인이면서도 그 사회에 발붙이고 고향처럼 살았기 때문에 이방인도 향토민도 아닌 경계인의 정체성을 발견하고, 그래서 자기 자신이 누구인지, 뭘 원하는지 더 잘 알게 되었던 것은 아닐까 하는 생각도 든다.

사실 생각해 보면 내 경우에도 희귀병을 앓는 고통을 겪었기 때문에, 해남과 프로방스라는 아름다운 곳을 보았기 때문에, 세상을 보는 눈이 달라졌고 글을 쓰고 싶은 욕망이 생기지 않았나 싶다. 고통을 통해 하고 싶은 말이 생기고, 아름다운 곳을 보며 함께 나누고 싶은 마음이 절실해진 것 같다. 마음속에 억눌려 있던, 나도 모르게 잠재된 욕망이 병이라는 계기 또는 타향에서 이방인이 된 것을 계기로 분출된 것이 아닐까 싶다.

나 또한 이방인으로 지내야 하는 이곳 프로방스에서 훨씬 더 자유롭고 격식에서 벗어나 편안한 마음으로 살았다. 이곳에서는 주위의 시선을 의식할 필요가 없었다. 일상생활은 어느 정도 익숙해졌고 프랑스어를 배우면서 좀 더 편해진 영향도 있었을 것이다. 그러나 무엇보다도 아는 사람이 거의 없고 모르는 사람이 대다수였기 때문일 것이다. 뿐만 아니라 이곳 분위기가 자유분방하고 남에게 관심을 갖지 않기 때문이기도 했다. 내가 원하는 대로 편안하게 지내고, 아름다운 경치, 예술, 역사 유물을 보고, 맛있는 것을 먹고, 입고 싶은 대로 입고. 물론 옷에 있어서는 아직 완전히 자유롭지는 못하다. 현직에 있을 때는 무채색 정장을 주로 입었다. 은퇴한 뒤 정장에서 벗어나 밝은색 옷을 입기 시작했고, 프로방스에 와서는 민소매 옷도 입었다. 그러면서 그동안 나를 옥죄던 것들이 꽤 많았다는 것을 새삼 느꼈다.

이제 내가 원하는 게 뭔지, 내가 돌아갈 처음은 무엇인지 어렴풋이 알 것 같다. 나도 보다 자유로워지고 싶고 카뮈처럼 나 자신에게 좀 더 가까이 데려다줄 어딘가가 필요했던 것 같다. 그곳이 바로 프로방스일 수도 있고, 남도일 수도 있다.

에필로그

정든 타향에서 나를 만나다

"자네는 왜 영문학과를 지원했나?"

1966년 서울대 영문학과 입시 면접 때 송욱 교수님이 물으셨다.

"5개 국어를 배워서 기자가 되어 세계를 여행하고 그 체험을 기반으로 소설을 쓰고 싶습니다."

그때 나는 이렇게 당돌하게 대답했다. 시골에서 성장한 나의 꿈과 정체성을 꾸밈없이 드러낸 첫 기억으로 남아 있다.

나는 초등학교를 1년 늦게 들어갈 뻔했다. 입학하기 전 경상북도 선산에 있었는데, 완고한 할아버지는 "계집애가 공부해서 무엇 하나?"며 보통 나이 아홉 살에 그곳에 있는 시골 초등학교에 보낼 생각이셨다. 그런데 안동에서 중학교에 막 들어간 오빠가 시골에 왔다가 나를 보고 물었다.

"영희야, 안동 가서 학교 안 다닐래?"

나는 즉각 "응!" 하고 대답했고 비 오는 날 오빠 손을 잡고 따라나섰다. 할아버지도 말리지 못했다.

안동에 온 시골 소녀는 학교 다니는 것이 정말 신나고 좋았다. 나는 초등학교부터 중학교, 고등학교 때까지 쭉 공부를 잘했다. 수석을 놓친 적이 거의 없었다. 고3 때는 대입 시험에서 같은 과목을 선택한 학생들끼리 합반을 해서 가르쳤는데 내 기억력이 워낙 좋아서 선생님의 질문에 입만 열었다 하면 정답이 나왔다. 학생들 사이에 "쟤는 다락방에 올라가 밤새 공부한다더라." 하는 소문이 돌 정도였다.

당시 우리 집은 적산가옥을 분양 받아 영천으로 이사 와서 살고 있었다. 학교에 가려고 날마다 대구까지 한 시간 정도 기차를 탔는데, 나는 기차에서도 책을 놓지 않았다. 이런 사정을 아시는 담임 선생님은 나의 기차 통학 시간이 아깝다고 생각하셨는지 나를 같은 반의 부자 친구 집에 지내면서 친구 공부를 도와주도록 알선해 주셨다. 그 집은 「빼앗긴 들에도 봄은 오는가」라는 시로 유명한 이상화 시인의 종갓집으로 대구의 명문가였다.

선생님은 나에게 법대에 가라고 권유하셨다. 법대에 가서 고시에 합격하면 다들 성공의 지름길이라고 생각하던 때였다. 그런데 나는 영문학과를 고집했다. 정확한 이유는 몰랐지만 무조건 영문학과에 가고 싶었다. 아마도 어릴 적부터 글 쓰는 것에 대한 꿈이 있었던 모양이다. 그래서 선생님의 진정 어린 권유에도 불구하고 영문학과에 지원서를 냈고 본고사를 거쳐 면접을 보게 되었던 것이다.

영문학과를 4년 다니면서 나는 여러 교수님들의 강의를 들었다. 셰익스피어 희곡도 읽고 영시도 읽고 영미소설도 공부했다. 당시의 분위기는 참여문학이 대세였다. 송욱, 백낙청, 김우창 등 영문학과의 여러 교수님들이 사회학에 많은 관심을 보였다. 그 영향인지 나는 문학사회학을 공부하고 싶다는 생각이 들어 1970년 사회학과 대학원을 선택했고 베버와 후설의 영향을 받은 알프레드 슈츠의 현상학적 사회학을 주제로 석사논문을 썼다. 그 뒤로 평생 사회학자로, 대학교수로 살아왔다.

살면서 세계 6대주를 다 가 보았고 5개 국어도 배웠다. 영어는 미국에 유학하면서 익혔고 독일어는 박사후 과정으로 1년간 독일 빌레펠트 대학에 가 있으면서, 중국어는 연구년에 베이징 대학에서 1년간 배우고 그 후로 자주 다니면서 익혔다. 일본어는 조금 배우다 말았다. 그리고 프랑스어는 엑상프로방스에 5년간 왔다 갔다 하면서 제일 늦게 정년 후에야 배웠다. 물론 영어 외에는 간신히 일상생활을 할 수준에 불과하다. 어쨌든 조금이라도 언어를 배우고 나면 그 나라가 훨씬 가깝게 느껴진다. 그리고 내가 가 본 곳에 대해 글을 쓰고 싶은 마음도 생겼다. 특히 엑상프로방스가 그러했다.

그런데 정년 후 석좌교수까지 무사히 마치고 나서 아프기 시작했다. 아마도 내 힘에 부치는 일을 많이 했고 완벽주의 성향이 많은 스트레스를 주었기 때문일 것이다. 잠을 못 자면서 몸이 떨리기 시작했고 나중에는 근육 마비가 오고 심지어 숨도 제대로 못 쉬게 되었다. 3년 이상을 기능적 이상운동증후군으로 고생을 하고 나자 세상이 다르게 보이기 시작했다. 병의 고통 속에서, 회복 과정 속에서 인생을 다시 되돌아보게 되었다. 나는 왜 그리 완벽주의를 추구했던가? 그토록 열심히 해 온 일들이 사회적으로 의미가 있기는 했겠지만 스스로에게 어떤 의미였는가 등을 다시 생각하게 되었다.

그러면서 내가 진정으로 원하는 것이 무엇인가를 생각해 보았다. 내가 좋아했던 것들, 내게 힘이 되었던 것들은 무엇인지. 그 과정에서 우선 투병기를 쓰고 남도와 프로방스의 아름다움에 반해서 여행기도 쓰게 되었다.

되돌아보니 나는 먼 길을 돌아와 다시 원점에 서 있다는 생각이 든다. 이런 것이 고향에 돌아온 것이 아닐까? 멀어졌던 꿈을 다시 찾는 것이 진짜 귀향이 아닐까? 멀고 험한 길을 돌아 돌아 결국 고향에 돌아온 오디세우스처럼 말이다. 애초에 나의 꿈은 어떻게 생겨났을까? 나의 어린 시절, 부모님, 선생님, 교수님, 내가 태어나고 살았던 안동, 대구라는 땅에서 생겨난 것은 아닐까? 나의 꿈을 실현하는 일, 그것이 바로 내가 평생 타향에 살다가 고향에 돌아가는 것이고, 내가 살았던 타향을 고향으로 만드는 일이 되는 게 아닐까?

누구나 그렇듯이 우리는 여러 꿈을 안고 살아간다. 어릴 적 꿈이 있듯이 성인이 된 후의 꿈도 있다. 어릴 때의 꿈은 파란 하늘처럼 순수하고 싱싱하고 아름답다. 그러나 시간이 지나면서 꿈도 변하고 보다 현실적이 된다. 나도 마찬가지다. 나는 사회학자로서 나름대로 꿈을 가졌고 어느 정도 성취했다. 그러나 어릴 때부터 내 마음에 움터 온 원초적인 꿈, 고향이 내 마음의 밭에 심어 준 꿈이 허망하게 사라지지 않고 다시 살아나는 것을 느낀다. 그러면서 50여 년 전, 내가 송욱 교수님에게 드렸던 말이 섬광처럼 소환되면서 다시 나에게 묻는 것이다. 어떻게 타향인 여행지가 고향이 될 수 있는가?

우리가 여행을 좋아하는 이유는 일상에서 벗어난 느낌을 주기 때문이다. 일상의 삶은 우리가 안정된 생활을 유지하는 데 필수적이다. 하지만 매일같이 반복되는 삶은 일종의 굴레가 되어 사람을 지치게 하고 그것에서 탈출하고 싶은 욕망을 일으킨다. 여행은 이러한 일상의 굴레에서 벗어나 뭔가 새롭고 익숙하지 않은 것, 뭔가 재미있고 즐겁고 설레는 것을 찾아 떠나는 것이다. 여행을 통해 몸과 마음을 재충전할 뿐 아니라 새로운 의지와 목표를 다짐하는 계기로 삼기도 한다.

이런 이유로 우리는 여러 곳을 여행하지만, 여행지가 고향처럼 느껴지는 경우는 매우 드물다. 자연의 생태 환경과 사람 사이의 관계가 원래의 고향과 친화성이 커야 한다. 그래야만 친밀한 공동체, 정서적 유대가 느껴진다.

엑스는 나에게 그런 곳이었다. 자유롭고 화사한 시골 풍경과 사람들의 따뜻한 눈빛과 미소가 충만한 곳이었다. 새로운 곳에 점차 익숙해지면서도 늘 자유로웠다.

엑스의 한 카페에 단골이 되어 주위 사람들의 수다 속에서도 책 읽기에 집중할 때, 나는 타지의 낯섦과 새로움이 고향의 편안함으로 다가오는 것을 느꼈다. 하지만 타지에서 고향을 느끼게 해 주는 것은 무엇보다도 따뜻한 사람의 마음이다. 몇 안 되는 아는 사람들이 베풀어 준 식사 초대에서 맛있는 음식과 즐거운 대화를 나눌 때 따뜻한 배려와 인정을 느꼈다. 고향과 어머니의 따뜻함을 느꼈다. 중요한 점은 고향의 편안함을 느끼면서도 동시에 자유로운 느낌을 갖는다는 것이다. 일종의 경계인의 입장에 설 때 나 자신이 누구인지, 뭘 원하는지 보다 잘 알게 되고, 나 자신에게 보다 가까이 다가갈 수 있지 않을까?

먹고 입고 자는 일상생활이 익숙해지면서 편안함과 자유로움의 경험이 교차하는 여행은 아름다운 기억을 남긴다. 이런 기억은 찍어 둔 사진처럼 여러 모습으로 재생된다.

기억에는 여러 종류가 있다. 지금 내 주의가 쏠려 있는 순간의 경험을 기억하는 짧은 작업기억, 기억 없이도 자동으로 남게 되는 근육기억, 학습한 것들을 저장하는 백과사전과 같은 의미기억, 그리고 감정을 자극하고 예측을 벗어난 경험들을 기억하는 섬광기억 등이 있다. 여행이 잊지 못할 강렬하고 즐거운 추억으로 남는 것은 우리 뇌가 지루하고 익숙한 것들은 지독하게 잘 잊어버리지만 처음 가 본 곳, 처음 먹어 본 음식, 첫사랑 등은 잘 기억하기 때문이다. 이런 것들이 섬광기억으로 남는 까닭은 평소의 것들, 익숙한 것들과 다르기 때문이다.

우리의 기억은 맥락과 연결되어 있다. 어떤 장소를 떠올리면 그 장소와 관련된 경치, 그림, 소설, 사람, 음식 등이 실타래가 풀리듯 꼬리에 꼬리를 물고 떠오른다. 그리하여 그때를 생각하며 혼자 미소 짓게 된다. 특히 따뜻한 사람들과의 만남은 여행지에서의 추억만이 아니라 현실에서 새로운 연결망을 만들어 주고 나의 관계망을 확장해 준다.

내가 남도와 프로방스에 대해 글을 쓰고 그림을 그리게 된 것도 이 장소들이 처음에는 단순히 낯설고 신기했지만 시간이

갈수록 정이 들고 익숙해졌기 때문이다. 그림을 한 장 한 장 그릴 때마다 내가 다시 그곳에 가 있는 기분이었고 그곳에서의 즐거움이 떠올랐다. 또한 나 자신을 다시 발견하고 자유로움도 느끼게 되었다. 내 기억 속 섬광기억이 만나서 남도와 프로방스가 서로 비슷하다는 생각에까지 이르렀으니 더 말해 무엇하랴.

남도와 프로방스는 더할 나위 없이 매력적인 곳이다. 두 지역의 파란 하늘과 찬란한 태양, 높은 바위산과 짙푸른 바다가 여전히 그립다. 시골스러운 모습도 사랑스럽다. 이 책에서 나는 땅끝마을 남도와 프로방스에서 느껴지는 비슷한 점에 착안해서 두 지역을 마을과 자연, 사찰과 성당, 예술가, 사람과 먹거리, 역사 등의 주제로 분류해서 서로 비교해 보려고 시도했다. 놀랍게도 두 지역은 닮은 점이 많았다. 그런데 자세히 들어가보니 대조적인 면도 있음을 발견할 수 있었다. 우연히 시작한 비교 작업이었지만 나 자신을 재발견하는 흥미로운 모색까지 나아가게 되어 원고를 쓰는 내내 벅차올랐다.

이 책은 두 지역에 대한 나의 관심과 사랑에서 시작되었다. 두 곳 다 내 마음의 고향이기 때문이다. 책을 마무리하면서 돌이켜 보니, 정작 남도와 프로방스의 아름다움을 묘사하는 데 소홀하지 않았나 하는 걱정이 든다. 이 두 곳 다 기가 막히게 아름다운 곳이 많았지만 비교하기가 어려워 이 책에서 많이 다루지 못했음을 밝혀 둔다. 또한 지나치게 억지춘향으로 비교한 부분이 있을까 싶어 살짝 걱정되기도 한다.

마지막으로 이 글을 쓰면서 화가들과 문인들에 대해서는 적어도 틀린 말은 쓰지 않으려고 여러 자료를 찾아보고 참조했음을 밝힌다. 하지만 혹시라도 의문이 들거나 지적할 점이 있다면 기탄없이 의견을 주시기 바란다.

감사의 말

 이 책을 쓰는 데 많은 분들의 도움을 받았다. 우선 해남과 강진 여행 때 우리를 만나 여러 이야기를 나눠 준 분들에게 감사드린다. 그들은 광주민주화운동 당시 광주교도소에서 근무했던 교도관 민경덕 님, 천연염색 장인 김영아 님, 해남에 와서 마음의 병을 치유한 이근애 님, 명유당 찻집을 운영하는 김지우 님, 해남문화원장을 지낸 김창진 님, 다산초당 산지기를 자처하는 윤동환 님과 오랫동안 기자생활을 한 제자 채복희 님 등이다. 이분들은 남도와 남도인의 특징에 대해 경험을 바탕으로 솔직하고 구수한 이야기들을 해 주었고 자신들의 아픈 과거도 허심탄회하게 터놓았다. 특히 채복희 님은 남도에서의 삶을 이야기해 주었을 뿐만 아니라 가슴 설레던 보길도 여행을 함께 해 주었고 해남 제1경인 달마고도와 도솔암을 안내해 주었다. 또한 동료 교수인 송하중 님은 예정에 없던 갑작스러운 나주 방문에도 따뜻하게 맞아 주고 안내해 주었다. 그리고 수행팀장인 이만재 님은 남도 일정 동안 우리를 이곳저곳 안전하게 데려다주었다. 덕분에 편안한 여행을 할 수 있었다. 남도 여행에 여러 도움을 준 분들에게 마음 깊이 감사드린다.

또한 비록 봄여름 기간이지만 5년간의 프로방스 생활 동안 음으로 양으로 도와준 많은 분들에게 감사드린다. 프랑스 국립과학연구센터CNRS 교수이자 엑스-마르세유 대학 교수인 질 캄파놀로 님은 프로방스 방문이 가능하도록 유럽연합 장기 프로젝트에 초청해 주었고 박사후 과정에 있던 장 세바스찬 님은 우리가 초창기 프로방스 생활에 적응할 수 있도록 많은 도움을 주었다. 리옹 고등사범학교 교수인 로랑 님과 파리 국립사회과학고등연구원 교수인 미셸 님은 우리를 세미나와 식사에 초대해 주었고, 특히 자신들의 연구소와 아름다운 별장에도 초대해 주었다. 그리고 우리를 방문해서 함께 렌터카 여행을 했던 제자 부부 최철웅 님, 임소향 님에게도 특별한 감사를 드린다. 그들 덕분에 투어로는 갈 수 없었던 프로방스의 아름다운 여러 곳을 구경할 수 있었다. 무엇보다도 우리를 자주 집으로 초대하여 맛있는 요리와 함께 즐거운 시간을 마련해 주고 학술적인 토론은 물론 프로방스의 사람들에 대해 많은 말씀을 해 준 엑스-마르세유 대학 교수 부부 김혜경 님, 장 클로드 님에게 깊은 감사의 말씀을 드리고 싶다.

책 편집 과정에서 도움을 준 여러분에게도 감사드린다. 특히 영상담당 김영진 님, 편집담당 최명지 님, 김미정 님은 초고를 꼼꼼히 읽고 많은 조언을 해 준 덕분에 원고를 다시 보고 차례를 짤 수 있었고, 편집담당 조명옥 님은 디자인 관련 조언을 많이 해 주었다. 작가 김지선 님은 윤문을 통해 원고에 살아 있는 듯한 숨결을 불어넣고 유려한 문장으로 다듬어 주었다. 그리고 이 책에 서툴기는 하지만 내가 직접 그림을 그려 넣었는데 어반 스케치를 가르쳐 준 화가 이상희 님에게도 감사의 말씀을 드린다. 2023년 3월부터 그림을 배우기 시작했는데, 고등학교 졸업 이후 붓을 들어 본 적이 없는 내게는 새로운 세계가 열리는 즐거운 경험이었다. 캘리그라피를 가르쳐 준 서예가 박종경 님에게도 감사의 말씀을 드린다. 덕분에 표지의 글씨도 쓸 수 있었다.

끝으로 남도와 프로방스 일정 동안 내내 함께하면서 힘들 때나 즐거울 때나 나에게 힘을 주고 이 책을 쓰도록 격려해 주고 원고에 대해 귀중한 조언을 해 준 남편 한상진 님에게 깊은 사랑과 감사의 말씀을 드린다.

참고문헌

김상엽, 『소치 허련』, 돌베개, 2008.
김영랑, 『김영랑 시집』, 범우사, 2023.
김학동 편저, 『김영랑』, 문학세계사, 2000.
김훈, 『자전거 여행』, 생각의나무, 2006.
나주시청, 「나주와 프랑스의 첫 만남: 한국과 프랑스의 외교사 재조명 국제포럼」, 2003. 8. 21.
도데, 알퐁스, 『알퐁스 도데 단편선』, 김사행 옮김, 문예출판사, 2006.
뒤마, 알렉상드르, 『몬테크리스토 백작』 I, II, III, 이희승맑시아 옮김, 동서문화사, 2020, 2021.
박영자, 『달마는 신발 한 짝 들고 어디로 갔을까?』, 해남우리신문사, 2020.
박은순, 『공재 윤두서』, 돌베개, 2010.
반 고흐, 빈센트, 『반 고흐, 영혼의 편지』 1, 2, 신성림 옮김, 위즈덤하우스, 2017.
옥태린, 『윤신도의 보길도』, 글터, 2019.
유니온아트 엮음, 『세계인이 사랑한 불멸의 화가 03: 폴 세잔_풍경』, 봄이아트북스, 2020.
유홍준, 『나의 문화유산답사기 1 - 남도답사 일번지』, 창비, 2011.
윤선도, 『윤선도 시조집』, 김용찬 옮김, 지식을만드는지식, 2021.
이종하, 『전라남도』(개정판), 주니어김영사, 2010.
전광식, 「귀향 그 철학적 의미: 서양 정신사에서의 논의를 중심으로」, 『대동철학』 제2집, 1998. 11.
정약용, 『다산시선』(개정증보판), 송재소 역주, 창비, 2013.
정약용, 『정선 목민심서』, 다산연구회 편역, 창비, 2019.
제노바, 리사, 『기억의 뇌과학』, 윤승희 옮김, 웅진지식하우스, 2022.
최종렬, 『하피첩에 담긴 다산의 가족 사랑 이야기』, 다산기념관, 2016.
파뇰, 마르셀, 『마르셀의 여름』 1, 2, 이재형 번역, 서해문집, 2011.